DANIELA HUTTER
Mach dein Leben hell

W0087999

GOLDMANN

Lesen erleben

Daniela Hutter

Mach dein Leben hell

Lichtvolle Wege
aus der Schwere des Seins

GOLDMANN

Verlagsgruppe Random House FSC® N001967
Das für dieses Buch verwendete FSC®-zertifizierte Papier
Pamo House liefert Arctic Paper Mochenwangen GmbH.

1. Auflage
Originalausgabe September 2015
© 2015 Wilhelm Goldmann Verlag, München,
in der Verlagsgruppe Random House GmbH
Umschlaggestaltung: UNO Werbeagentur, München
Umschlagmotiv: © FinePic; Foto der Autorin: Suzy Stöckl
Lektorat: Mareike Fallwickl, Hof bei Salzburg
CC · Herstellung: cb
Satz: Fotosatz Amann, Memmingen
Druck: GGP Media GmbH, Pößneck
Printed in Germany
ISBN 978-3-442-22102-8

www.goldmann-verlag.de

Inhaltsverzeichnis

Vorwort   7

In der Dämmerung   9

Warum wir sind, wie wir sind   13
Wir sind beeinflusst von Mustern und Prägungen   23
Wir sind ferngesteuert von Emotionen und Gedanken   31
Wir sind abgelenkt durch die Suche und die Bilder im Außen   44
Wir sind blockiert durch Opferrolle, Komfortzone
und Begrenzungen   51

Dem Licht entgegen   63
Das neue Land entdecken   65
Bewusstes Sein als Schlüssel   67
Botschaften und Zeichen   81

In Kommunikation mit der geistigen Welt   87
Engel   102
Heilige und Aufgestiegene Meister   106
Geistführer   110
Spirituelle Familie   112
Vorfahren   116
Tiergeister   119
Naturkräfte   121
Elementarkräfte   123

Meditation und Stille als Weg nach innen   127
Meditationsplatz und Altar   131
Retreat im Alltag   136

Die eigene Kraft   141
Den Schmerz loslassen   150
Das Spiegelgesetz   153
Affirmationen   157
Die Kraft der Worte   163
Verzeihen und Versöhnen   165
Dankbarkeit   173

Lichtvoll leben   179
Im Sein ankommen und bleiben   182
Dualität   184
Freude statt Glück   185
Die Tiefe   187
Freiheit   188
Balance   189

Spiel und Tanz des Lebens   191
Wer bin ich?   192
Zeitqualität   193
Wissen und Wollen   195
Ein lichter Körper durch l(e)ichte Lebensweise   198
Vegane Ernährung   200

In Kontakt sein mit Sonne und Erde   213
Die Sonne   214
Der Mond   217

Quellen   221

Übersicht der Kurzanleitungen   222

Vorwort

Wir alle haben einen Wunsch: Wir wollen im Hier und Jetzt glücklich sein. Wir wollen Lebensfreude spüren. Das Leben hell zu machen bedeutet, es mit Licht zu durchfluten. Das englische »light« heißt nicht umsonst auch »leicht« in der Übersetzung. Wenn man gern mit Buchstaben spielt, könnte man sagen: »Mach dein Leben l(e)icht!«

Ich bin niemand, der Techniken lehrt, auch wenn ich um viele weiß. Ich habe gelernt, dass es das Leben selbst ist, das uns den Weg zu zeigen weiß, hinein in die Tiefe, hinaus in das Licht, auf dem Weg der Heilung.

Ich kann mich gar nicht mehr daran erinnern, wann »es« geschah. Nur aus heutiger Sicht sehe ich, »es« hat sich verändert. Mein Leben, mein Alltag, mein Umfeld. Es hat sich verändert, indem es sich gar nicht verändert hat. Alles ist geblieben, wie es ist. Dennoch ist alles anders. Der Schlüssel muss sein: Ich habe mich verändert. Mit mir ist etwas geschehen. Ein Prozess des Erwachens, eine Transformation, eine Schwingungserhöhung – oder wie immer man es nennen möchte. Mein Leben fühlt sich licht an, mein Leben fühlt sich leicht an. Natürlich ist mein Alltag noch immer geprägt von Normalität und allem, was dazugehört, wie großen und kleinen Dramen im Haushalt, in der Ehe, im Beruf, mit den Kindern und Nachbarn.

Trotzdem ist es anders als – sagen wir – vor vielen Jahren. Ich weiß noch, wie mühsam es schien, ich erinnere mich an die dunklen Momente, an geweinte Tränen und die vielen Fragen, die ich an das Leben hatte, und die Ungeduld, mit der ich Antworten suchte. Ich wollte das Leben erlernen, mir das Wissen aneignen, und ich besuchte Kurse um Kurse, kaufte Bücher und Bücher, löcherte weise Menschen mit meinen Fragen. Das Leben wollte mir antworten, und das hat es immer wieder getan. Schritt für Schritt. Einheit für Einheit. Lektion um Lektion. Wer sollte mir ein besserer Wegweiser, Lehrer und Therapeut sein als ich selbst?

In der Dämmerung

Tage wie diese. Es regnet. Es ist kalt. Alles ist grau. Morgens stehst du garantiert mit dem falschen Fuß auf, auf dem Weg zur Arbeit fährt ein Auto durch eine Pfütze und spritzt dich an. Du bist nass. Fröstelnd kommst du im Büro an, deine Stimmung sinkt auf ein Niveau, das kaum mehr messbar ist, und weil's den anderen auch so geht wie dir, schenkt dir niemand ein Lächeln, das dich wärmt, erheitert oder deine Laune verbessert. Im Gegenteil. Dein ganzes Umfeld scheint ein Ventil zu suchen. Sosehr du dich auch bemühst, deinem Chef kannst du es gar nicht recht machen, ständig verlangt er eine andere Version deiner Arbeit, fordert Veränderung und Umformulierung. Er scheint Fehler zu suchen, die's gar nicht gibt, und weil man bei stetem Suchen meist doch fündig wird, definiert er Teile deiner Arbeit als ungenau, unzureichend und nicht zufriedenstellend. Du fühlst dich gemaßregelt wie zuletzt vom widerlichsten Lehrer in der Abschlussklasse der Schule. Um dem Ganzen noch eines draufzusetzen, flüstern deine Arbeitskollegen. Du kannst nicht hören, was sie sagen – aber bestimmt lästern sie über dich. Was für ein Tag. Er scheint dir wieder einmal zu bestätigen, was dir ohnehin schon lange im Kopf herumspukt. Du willst diese Arbeit nicht, sie erfüllt dich nicht, im Gegenteil: Einfach nur anwesend zu sein, ist schon eine Anstrengung, deine Arbeitskollegen mobben dich, und außerdem fühlst du dich ausgelaugt und ausgebrannt. Du magst nicht mehr. Das Telefon läutet. Der Kunde ist als schwierig bekannt. Auch sein Tag scheint kein guter zu sein, und er will Dampf ablassen. Er beschimpft dich am Telefon, die Qualität der Ausführung gefällt ihm nicht, die Lieferzeit ist zu lang, und über den Preis muss man nochmals sprechen. Dir wird heiß und kalt. Mit letzter Kraft führst du ein freundliches Gespräch, überhörst seine beleidigenden Worte und beendest das Telefonat mit einem innerlichen, nicht hörbaren Seufzer: »Wie komme ich eigentlich dazu, dass ich mir das alles gefallen lasse?« Doch was bleibt dir anderes übrig? Wer bezahlt deine Rechnungen, die Miete, wovon willst du leben? Irgendwie überstehst du den Tag. Müde und leer verlässt du die Firma und widmest dich deiner nächsten Aufgabe. Einkaufen. Der Supermarkt ist voll. Die Menschen drängeln, und scheinbar alle sind schlecht gelaunt. Unter Garantie erwischt du die falsche Kasse, es dauert ewig, die nächste Kundin hinter dir drängelt am Kassenband, schiebt dir ihren Wagen in den Rücken, die Kassiererin ist ebenso gereizt wie du. Gehetzt räumst du deine Einkaufstasche ein und bist unterwegs nach draußen. Ratsch! Die Tüte reißt, Henkel ab. Du hievst den Einkauf hoch, schleppst dich zur Bushaltestelle, um in einen berstend vollen Bus einzusteigen. Du musst auf Tuchfühlung gehen mit Menschen, die das Lächeln heute auch zu Hause gelassen haben, du hörst Telefonate, die du nicht hören willst, und riechst Düfte, die du nicht riechen willst. Erleichtert steigst du an deiner Station aus und freust dich auf zu Hause. Du schließt keuchend die Wohnungstüre auf. Wessen Idee war eigentlich die Wohnung im dritten Stock ohne Lift? Endlich. Der Tag scheint vorüber, du bist bereit ihn abzuhaken. Beim Sortieren der Post entdeckst du ihn – den Brief der Schule der Kinder. »Die Leistungen Ihres Sohnes sind in den letzten Wochen … wir bitten um ein Gespräch.« Auch das noch. Da kämpft man sich ab, tut und macht, und der pubertierende Sohn bringt die Schule ins Spiel. So wenig er für die Schule tut, so wenig tut er zu Hause. In dem Augenblick, als du die Küche betrittst, stockt dir der Atem. Wie kann man in der kurzen Zeit so ein Chaos veranstalten? Heute Morgen war die Küche perfekt aufgeräumt. Der Sohn kam doch selbst gerade erst aus der Schule. Das Waschbecken voll, der Boden angekleckert, der Herd verklebt. Dir bleibt die Luft weg. »Junger Mann!« – Rufen ist zwecklos. Das weißt du. Er sitzt mit Kopfhörern im Ohr am PC. Perfekt vorbereitet auf das Abwehrmanöver. Er beherrscht es. Du nicht. Also räumst du die Küche auf, um dann deine Einkäufe wegzuräumen und dich um das Abendessen zu kümmern. Eigentlich bist du müde, hast keine Lust und Hunger schon gar nicht mehr – doch die Erfahrung hat dir gezeigt, deiner Familie geht's anders. Sie haben immer Hunger. Und so fängst du an zu kochen. Dein Mann ruft an. Er kommt später, du sollst auf ihn keine Rücksicht nehmen mit dem Abendessen. Du bist zu erschöpft, um noch irgendetwas zu sagen. Der Sohn will auch nichts essen, und dann sitzt du alleine am Tisch, hast keinen Hunger und bist geschafft, vom Tag, vom Leben und überhaupt. Du hast keine Lust mehr. »Was ist eigentlich geschehen, dass mich das Leben so eingeparkt hat? Will ich mein Leben so weiterführen?« Andererseits: So schlecht läuft das Leben doch nicht – Mann, Kinder, Wohnung, zweimal im Jahr Urlaub. Markenkleidung, Restaurantbesuche. So gesehen geht's dir ja gut. Du erinnerst dich an die Waschmaschine und die Bügelwäsche. Und weil sich nichts von selbst erledigt, stehst du auf und machst dich an die Arbeit. Der Tag setzt dich schachmatt. Du bist bereit, dich zu ergeben. Der Schlüssel in der Wohnungstür. Dein Mann kommt nach Hause. »Hallo, Schatz!« Deine Antwort hat er nicht gehört, deine Stimme war zu leise. Er kommt in den Raum, sieht dich an und erwidert: »Bekommt man keine Begrüßung? Schlecht drauf?« Du bist kurz vor der emotionalen Explosion. Er hat leicht reden. Doch für eine Diskussion hast du keine Kraft mehr. Draußen ist es dunkel, und *du willst nur noch schlafen. Badezimmer, Schlafzimmer – die nächsten Stationen des Tages. Du triffst dort wieder auf deinen Mann oder er auf dich. Er umfasst deine Taille »Schatz …« Nein, heute nicht. »Ich bin zu müde.« »Schon wieder?« Du vermisst in seiner Antwort das Verständnis, vielmehr ahnst du den Vorwurf. Er bekommt nicht genug Aufmerksamkeit. Er will Zweisamkeit, du nur Schlaf und Ruhe. Unausgesprochene Sätze, die du ihm unterjubelst. »Er sieht nicht, wie müde ich bin. Er sieht nicht, was ich alles leiste.« Wortlos gehst du ins Bett, ziehst dir die Bettdecke über den Kopf … und eigentlich ist dir nur zum Heulen. Im Dunkeln unter der Bettdecke lässt du deinen Tränen freien Lauf. Still weinst du. Verzweiflung, Unzufriedenheit, Ausweglosigkeit. Wie konnte es so weit kommen? So viele Pläne hattest du, so viel Lachen, Freude und Glück sollte dein Leben füllen. Stattdessen reihen sich Tage voller Frust, Erschöpfung, innerer Leere und scheinbarer Ausweglosigkeit aneinander. Das kann doch nicht alles gewesen sein? Das Leben muss doch mehr für dich parat haben als diese stete monotone Wiederholung von tristen Tagen. Du sehnst den Schlaf herbei, willst hineinsinken in das Dunkel der Nacht. Doch du bist hellwach, und deine Gedanken kreisen. Wieder und wieder zeigt sich der Tag und mit ihm die Ereignisse, die feuchte Kleidung, der ungerechte Chef, die voreingenommenen Arbeitskollegen, die unendliche Summe deiner Aufgaben und Haushaltspflichten, dein Versagen als Mutter eines Schulkindes und das Unverständnis deiner Familie. Das Dunkel der Nacht hat dich ebenso erfasst wie den Raum, und du sehnst dich nach Schlaf für deinen Körper und nach Licht für deine Tage.*

Warum wir sind, wie wir sind

Wer kennt sie nicht, diese Tage, die uns nur dunkel und beschwerlich erscheinen? An solchen Tagen meinen wir oft, unser ganzes Leben gestalte sich so. Beschwerlich und dunkel. Und es mag verlockend sein, nach dem Leben der anderen zu schielen. Sie haben es besser. Sie haben mehr Glück, mehr Freude, mehr Liebe, mehr Geld, mehr Leichtigkeit. Ja, hätten wir einen anderen Beruf, einen anderen Alltag, einen anderen Wohnort, einen anderen Mann – ja, wenn alles anders wäre, dann wäre unser Leben heller. So wehren wir uns oft gegen all jenes, was unser Leben ausmacht. Sind wir etwas milder gestimmt, dann mögen wir uns mit Beruf, Mann und Umfeld anfreunden, sind aber trotzdem davon überzeugt, dass es unabdinglich ist, dass die anderen (!) sich ändern, damit in unserem Leben das Glück einzieht. Denn an einem selbst liegt es wohl nicht. Wir selbst würden uns das Leben ja niemals unerträglich gestalten.

Ja, ist es denn tatsächlich so? Wie oft habe ich mir diese Frage gestellt. Und ganz ehrlich, wenn mir Menschen, die reicher an Lebenserfahrung waren als ich, die Antwort gaben: »Nur du kannst dein Leben ändern« – dann war ich oftmals sehr konsterniert. Wie sollte ich denn mein Leben ändern, wenn die anderen sich nicht änderten? Wie sollte mein Leben besser werden, wenn der Chef nörgelte, die Schwiegermutter nervte und die Kinder sich respektlos verhielten. Wie sollte mein Leben leichter werden, wenn niemand sah und anerkannte, was ich alles leistete, wenn keiner mich unterstützte und für Veränderung sorgte, damit ich nicht so müde und erschöpft wäre? An dieser Stelle der Diskussionen fühlte ich mich oftmals unverstanden und alleingelassen. Nicht selten ging ich von der Annahme aus, dass es »nur mir so geht«, und zählte mich zu den unglücklichsten Menschen Österreichs, Mitteleuropas – oder ohnehin fast der ganzen Welt.

Die Vorstellung, dass das Leben, exakt so, wie es sich zeigte, von mir selbst kreiert worden war, fand ich schlichtweg absurd. Ich empfand mich durchaus als ausreichend intelligent und glaubte, dass ich fähig gewesen wäre, mir ein besseres Leben zu gestalten. Vieles war einfach ungünstig gelaufen, und ich hatte daran definitiv keinen Anteil. Das Leben hatte mich ungerecht behandelt, und wenn es einen Award für den größten Pechvogel geben sollte, dann würde diese Auszeichnung an mich gehen. Ich fühlte mich vom Unglück verfolgt, nicht direkt durch unglückliche Ereignisse, aber einfach so, weil das Leben nicht so verlief, wie es meiner Vorstellung nach besser verlaufen hätte können. Mit ein bisschen mehr Glück, einigen vom Universum erfüllten Wünschen wäre ich bestimmt zufriedener.

Dass all dies meinem Wachstum dienen sollte, brachte mich ab und an regelrecht in Rage, denn ich ging davon aus, auf Wachstum zugunsten eines entspannten und leichten Lebens durchaus verzichten zu können. Frei nach dem Motto: Bitte ein einfaches Leben, und ich bin glücklich. Und bitte, woher kommt diese Idee, dass »Mensch sich entwickeln soll«? Und warum ausgerechnet aus dem Leiden, dem Pech, aus dem Unglück heraus? Tatsächlich wäre es doch wohl am besten glücklich zu sein, wenn das Leben schon recht gut läuft, und dass es dann noch eins draufsetzt mit Ereignissen und Begebenheiten, die mich noch glücklicher machen. Also, wer braucht schon »negative Erfahrung«? Heute kann ich über meine eigene Ignoranz von damals schmunzeln. Ich war eine junge Persönlichkeit mit gesundem Selbstbewusstsein, die ihre Meinung nicht nur vertreten, sondern durchaus auch verteidigen konnte.

Doch je sturer das Menschenkind, umso hartnäckiger die Seele, das sollte mich mein Leben lehren. Ich hatte das Glück, dass es nicht unbedingt die großen Schicksalsschläge waren, die auf mein Leben einwirkten, sondern vielmehr die kleinen Ereignisse, die stetig den Stein höhlten oder besser ausgedrückt, die kleinen Ereignisse, die stetig auf mein Bewusstsein einwirkten, anklopften – bis es sich öffnete und die Veränderung beginnen konnte.

Und so sage ich nach Jahren der gesammelten Lernerfahrungen heute: Ja, es ist tatsächlich so, dass wir selbst das Leben kreieren, dass jedes Ereignis eingebettet ist in einen stetigen Prozess der Bewusstseinsentwicklung. Denn es liegt wohl in der Natur der Sache. Für mich ist die Schöpfung der höchste Ausdruck der Genialität, und so kann ich in der Natur viele meiner Antworten finden. In der Natur gibt es keinen Stillstand, hier herrschen fortwährendes Kommen und Gehen, Werden und Sterben, augenblicklich zeigt sich alles immer wieder neu. Nichts ist dem Zufall überlassen, und alles folgt einem größeren kosmischen Plan. Warum sollte es also bei der höchsten Form, in der die Schöpfung ihren Ausdruck findet, nämlich beim Menschen anders sein? Auch der Mensch folgt dem kosmischen Verlauf des fortwährenden Veränderns.

Wie kam ich darauf? Nun ja. Zum einen waren da Zeitgenossen, die mir immer und immer wieder davon erzählten. Irgendwann wurde ich neugierig und öffnete mich. Danach geschah es quasi wie von selbst. Ich hätte nie einen spirituellen Ratgeber gekauft, mal davon abgesehen, dass der Buchmarkt damals nur wenige im Angebot hatte. So hat mich wohl der Zufall, den es ja angeblich nicht gibt, zu Büchern geführt, die vordergründig Romane waren. Diese zählten zu meinem Lieblingslesestoff. Doch in ihrer hinterlegten Botschaft lag spirituelle Weisheit. Ich bemerkte kaum, wie meine Neugierde geweckt und zugleich gefüttert wurde. Ich wurde an dieses Wissen herangeführt, ohne dass es mir richtig bewusst war. Und wie der Zufall es wollte, entdeckte ich Vorträge und Seminare, weise Lehrer wurden zu meinen Wegbegleitern, und das, was ich zu hören bekam, schien mir immer mehr der Schlüssel zu sein für die Welt der Begrenzungen, in die ich mich selbst verschanzt hatte. Ein neues Weltbild offenbarte sich mir, und je mehr ich an Informationen zusammentrug, umso offensichtlicher kamen mir mein Leben und meine Welt vor. Allerdings beschäftigte ich mich anfangs mit alldem nur zögerlich und natürlich heimlich. Immerhin lebe ich in einem erzkatholischen Land, nämlich in Tirol in Österreich, bin verheiratet mit einem angesehenen Unternehmer, der entsprechende Positionen und Funktionen in der Gesellschaft ausübt, und da konnte ich mich schlecht outen als jemand, der sich für Esoterik interessiert. Und an dieser Stelle gestehe ich: Ja, ich bin das eine oder andere Mal offiziell für ein Wellness-Wochenende weggefahren, dachte zumindest meine Familie, und besuchte in Wirklichkeit ein Selbsterfahrungsseminar. Ich wollte mit meinem Mann nicht diskutieren. Ich konnte mir dieses neue Interesse ja selbst nicht erklären. Ich fühlte nur diesen Hunger in mir, Antworten auf meine Fragen zu finden. Selbst die vielen Bücher, die ich kaufte, versteckte ich zunächst, und wenn ich sie las, sorgte ich für hübsche Einbände, sodass Titel und Inhalt verborgen blieben. Ich wollte nicht erklären, warum mich diese Themen plötzlich begeisterten, weshalb ich mich mit »Heilung« beschäftigte und warum ich mit meinem Leben unzufrieden war. Es gelang mir ja auch nicht, die Gründe zu formulieren, ich fühlte nur die vielen Fragen in mir und mich selbst wie ein Schwamm, bereit, das Nass, also das Neue aufzusaugen.

Und was sollte das Neue sein? Ein neues Leben natürlich – mehr Glück, mehr Freude, mehr Lachen. Leichter und heller sollte es sein, unbedingt. Zeigte ich meiner Fantasie an dieser Stelle nur den Hauch einer Bereitschaft für ihre Bilder, wurde ich sofort geflutet und fühlte mich wie im Kino, wo typische amerikanische Filme liefen: perfekte Familie, perfekte Kinder, perfekte Beziehung. Wochenendhaus, Freunde, Hobby – »Life is a dream«. Ja, ich hatte wohl einen Traum, wie ein glückliches und helles Leben auszusehen hätte. Ich konnte es in Varianten spielen: Die Situationen und Darsteller waren beliebig austauschbar, übrig blieben stets Lachen, Leichtigkeit, Glück, Fülle, Licht – auf allen Ebenen.

Wie aber könnte der Weg dahin sich zeigen, wenn also das Umfeld bleiben durfte, wie es war, und nur ich in meinem Part für die Veränderung sorgen musste? Sollte ich den Ehemann und die Familie verlassen, den Job kündigen, den Wohnort wechseln? Bei oberflächlichem Nachdenken könnte man meinen, dies wären die einzigen Möglichkeiten. Wie sollte man sich sonst verändern? Aus heutiger Sicht gesehen bin ich dankbar, dass ich einen »kontrollierenden Verstand« besitze. Sooft er mir auf meinem spirituellen Weg auch im Wege stand, er hat sicherlich die ein oder andere Spontanhandlung, die man vielleicht auch mit Dummheit übersetzen könnte, verhindert. Mein kontrollierender Verstand hat sogar noch einen mächtigen Zwilling, und der heißt Vernunft. Gemeinsam hielten sie mich zurück und forderten mich heraus, andere Antworten und andere Wege zu finden. Welch Glück!

So war ich also gefordert. Internet gab es damals noch keines. Wo also sollten meine Fragen endlich Antworten erfahren? Welch Geschenk, dass so oft Meister Zufall zur Stelle war. Ich traf auf Menschen mit demselben Interesse. Es waren wohl Schlüsselwörter, die uns einander eröffneten, wie »Engel, Meditation, Yoga« und dergleichen. Wer New-Age-Musik kannte, war ein potenzieller Gefährte. Bücher, Seminare, Menschen – allesamt leisteten sie ihren Beitrag, damit das Bewusstsein und das Weltbild sich der Veränderung öffnen konnten.

Die erste Erkenntnis, die ich mir erlaubte, war tatsächlich, dass nichts zufällig, grundlos geschieht. Als Liebhaberin der Worte fiel es mir leicht, das anzunehmen. »Zufall – etwas fällt mir zu.« Ich lernte Ereignisse, Begegnungen oder Herausforderungen nicht als unberechenbare Gunst des Schicksals zu bezeichnen, sondern vielmehr als Bestimmung im rechten Augenblick. So begann ich näher hinzusehen und damit auch die Zusammenhänge zu erkennen. Ich begann mit meinen Erkenntnissen zu experimentieren, erlaubte mir andere Sichtweisen und Gedankengänge und kam zu neuen Ergebnissen. Alleine dadurch hatte ich nicht mehr das Gefühl, am Ende der Sackgasse zu stehen, mit dem Rücken an der Wand. Die Freiheit der Betrachtung schenkte mir Beweglichkeit. Ich umkreiste die Situationen, ich analysierte, rätselte, entschlüsselte, erkannte – mein Geist erwachte. Ich war bereit für mehr.

Allmählich sollten sich mir nicht nur die Zufälle eröffnen, ich erkannte auch den Spannungsbogen, stellte Verbindungen zwischen den Herausforderungen her und entdeckte, dass sie miteinander in Beziehung standen. Manche Herausforderung sollte sich tatsächlich als Übungseinheit präsentieren und sich wieder und wieder und wieder zeigen, um es mir zu ermöglichen, etwas zu schaffen, neue Herangehensweise auszuprobieren, neue Haltungen einzunehmen. Mal diese, mal jene. Und plötzlich erkannte ich, dass ich dabei war, mich zu verändern. Dieselbe Situation, dieselben Beteiligten, scheinbar dieselbe Geschichte – nur ich veränderte meine Rolle, meine Reaktion, meine Haltung. Und alles war plötzlich anders. Ich begann zu ahnen: Ja, es ist möglich. Ich kann es verändern, indem ich mich ändere, denn dann ändert sich das Geschehen. Es war, als ob ich Zugang zur Alchemie erhalten hätte. Das Feld des Wissens kündigte sich an, entschleiern sollte es sich viel später.

Und wenn ich es sein sollte, die verantwortlich war für alles, was geschah, dann schrieb ich also auch das Drehbuch für mein Leben selbst. Ich erkannte, dass es auf einer bestimmten Ebene eine Absicht für dieses Leben geben muss. Mit diesem Schritt des Erkennens erwachte das Bewusstsein in mir, dass dem Menschen-Ich ein übergeordnetes Ich zur Seite stehen musste. Ich nannte es das spirituelle Ich.

Ich hatte für mich selbst die Existenz der Seele definiert und erkannte, dass es die Seele war, die sich dieses Leben gestaltete, als ein Erfahrungsfeld im menschlichen Dasein. Meine alte Vorstellung, dass man ohne Lernschritt und Wachstum auf einfachem Weg noch glücklicher werden könnte, löste sich auf. Ich erkannte meinen Irrtum. Mit einem Schmunzeln, gelöst. Weil losgelöst von meiner Sturheit. Das große Feld zeigte sich mehr und mehr. Wenn die Seele lernen will, dann braucht sie Erfahrungen, die sie noch nicht kennt. Herausforderungen, die sie noch nicht bewältigt hat, stetig und mehr davon.

So wagte ich mich an die nächsten Überlegungen, nämlich jene, dass man sich ja angeblich die »Mitspieler« auch selbst ausgesucht hat. Also die schwierige Arbeitskollegin, der anspruchsvolle Ehemann, der freche Sohn und selbst der Lateinlehrer könnte oder sollte eine karmische Verbindung mit mir haben. Alle einte die Einladung meiner Seele, in diesem Drehbuch meines Lebens eine Rolle zu erhalten. Nun, dieser Gedankenansatz forderte mich, doch er erschien mir zumindest entfernt schlüssig. Dennoch begleitete mich immer die Frage nach dem »Warum«. Warum musste die Konstellation meiner Herkunftsfamilie so ungünstig für eine glückliche Kindheit sein? Warum musste ich mich in einem unbedachten Moment für diese Arbeitsstelle entscheiden? Warum wählte die Seele sich gar so viele Aufgaben? Irgendwann müsste doch die Lektion gelernt, die Herausforderung geschafft, das Thema ausreichend bearbeitet worden sein, aufgelöst. Irgendwann müsste doch Platz frei werden für mehr Glück, mehr Leichtigkeit. Doch beides sollte so schnell nicht Einzug halten. Der scheinbare Aha-Moment bedeutete noch nicht die Erleuchtung im Schnelldurchlauf. Geduld war die nächste Disziplin.

Ich war also damit einverstanden, dass es eine Absicht gab in meiner Seele für eben dieses Leben, inklusive allem, was darin geschah, und allen, die darin erschienen. Wenn es also keine Zufälle gab, dann musste es einen Bestimmer geben. Einen, der sich verantwortlich für Drehbuch, Film und Darsteller zeigte. Aufgrund meiner christlichen Erziehung in einem Kloster war ich versucht, diesen Jemand als Gott zu bezeichnen. Er war es, der sich das Mühsal ausdachte und es mit Prüfungen garnierte. Das Leben als Prüfung, diese Sichtweise bot sich praktisch an, denn so hat man zumindest auch jemanden, den man verantwortlich machen kann. Einen, dem man den Schwarzen Peter zuschieben konnte. Auch diese Haltung entsprach meinem damaligen Weltbild. Es gab immer jemanden, der schuld daran war, dass mein Leben sich so dunkel zeigte. Doch irgendwie fühlte sich dieses Gedankenkarussell unrund an. Hatte denn Gott nichts Besseres zu tun, als sich millionenfach Prüfungen auszudenken, hatte er Spaß daran, zusätzliche Fettnäpfchen aufzustellen? Und je mehr ich darüber nachdachte, desto mehr kam ich zum Schluss, dass da jemand anderer im Regiesessel meines Lebens Platz genommen haben musste. Mein Seelen-Ich. Und wenn es sinnvoll erscheint, in einem Leben dazuzulernen, konnte es gar nicht anders sein, als dass auf dieses Leben ein weiteres folgen würde. Ich hatte mich dem Weltbild der Wiedergeburt und Inkarnation geöffnet. Es war für mich stimmig und ist es bis heute.

Mein alltägliches Dasein zwischen Haushalt, Familie und Beruf wurde zu einem Feld des Lernens. Doch die Einheiten selbst waren mir noch nicht klar. Was sollte ich lernen? Worin erhoffte sich meine Seele Schulung? Inwiefern wollte sie sich weiterentwickeln? Wie sollte das vor sich gehen? An so manchem Punkt hatte ich den Eindruck, dass ich mich mit noch mehr Fragen und noch weniger Antworten wiederfand. Eine noch größere Dimension schien sich mir zu öffnen. Ganz nebenbei stapelten sich immer mehr Bücher in meinem Regal, in Gesprächen und in Seminaren suchte ich weiter nach Antworten. Schule und Lernen schienen mir ein vertrautes Erfahrungsfeld. Ich war ehrgeizig, und wie früher, als ich die Schulauszeichnung erreicht hatte, erhoffte ich mir dieses Mal eine Auszeichnung fürs Leben: mehr Glück, mehr Freude, mehr Liebe und mehr Licht.

Die Schattenseiten auf dem Weg zum Licht

Das Angebot auf dem Gebiet der Esoterik ist riesig. Konsum lockt. Weisheit, Erleuchtung, Licht scheinen käuflich zu sein. Abgefüllt in Flaschen, energetisiert auf Kerzen oder zumindest in zwei Punkten als Methode zu erlernen. Aber wo Licht ist, ist auch Schatten. Hier tummeln sich viele, die die Chance wittern, mit den Suchenden gutes Geld zu verdienen. Durchaus möglich, ja. Und wie in allen Bereichen des Lebens gibt es solche und solche. Gurus, die nur vorgeben, welche zu sein,

Erleuchtete, die mehr Schein als heilig sind. Es ist ein Gutes, den eigenen Menschenverstand liebevoll an der Hand zu nehmen und stets darauf bedacht zu bleiben, die Füße auf dem Boden von Mutter Erde zu behalten. Als spirituelle Wesen wollen wir menschliche Erfahrungen machen – eine Weisheit, der ich mich gerne anschließe, denn es ist nicht umgekehrt. Es gibt keinen Grund, dass wir als Menschen spirituell werden sollen, dass uns Flügel wachsen und wir die Bodenhaftung verlieren. Mensch ist spirituell, von Natur aus. Wichtig ist, dass wir diesen Kern in uns entdecken. Mit Flügel und ohne Bodenhaftung zu sein, das dürfen wir getrost den himmlischen Wesen überlassen. Wollten wir selbige sein, würden wir uns nicht als Mensch auf diesem Planeten erleben. Dann hätten wir eine Aufgabe als Spirit gewählt und würden mit Energien wirken, irgendwo zwischen Raum und Zeit. Dem ist aber nicht so. Mensch wollen wir sein. Mensch sollen wir sein. Bewahre dieses Geschenk des irdischen Lebens.

Bring die Wahrheit ans Licht

Du möchtest dein Leben mit Licht erhellen – dann betrachte es zuerst einmal bei Licht. Und zwar in Ruhe. Mit diesen Übungen wollen wir immer wieder innehalten und uns besinnen auf das, was ist, und auf das, was sich ändern soll. Auch dich führt dein Leben nicht zufällig zu diesem Buch. Unsere gemeinsame Gedankenreise soll auch in dein Leben Veränderung bringen. Besinne dich jetzt für einen Moment, und schenke dir die Zeit, um für dich zu resümieren: Wie zeigt sich dir dein Leben?

* Bist du glücklich? Oder wünscht du dir Veränderung? Inwiefern?
* Welche Menschen spielen in deinem Leben eine besondere Rolle? Wer nimmt teil an den Geschichten, und wer

scheint von dir »auserwählt«, deinem Lernen zu dienen, indem er dich herausfordert? Wem hast du Hauptrollen zugedacht?

- Kannst du einen Spannungsbogen erkennen? Den roten Faden, der sich durch dein Erfahrungsfeld des Lebens und Lernens zieht? Welche Themen kehren immer wieder? Welche Ereignisse wiederholen sich?

Wir sind beeinflusst von Mustern und Prägungen

Man kennt das. Man erlebt sich in Situationen, beobachtet sein Verhalten und stellt sich die Frage: »Bin das wirklich ich, die so spricht und handelt?«, und in der Frage schwingt die Antwort: »Wer agiert denn da, denn das bin nicht ich!« Aber wer ist es dann?

Ich wage zu sagen: Es bist nicht DU. Nämlich nicht jenes DU, das du wahrlich bist. Unser Leben als Mensch und die dazugehörige Erfahrungswelt bringen es mit sich, dass wir uns im Laufe der Jahre allerhand aneignen, das »eigentlich« nicht unseres ist. Wir entwickeln Verhaltensweisen, indem wir uns anpassen an Inputs, Impulse und Reize, die von außen an uns herangebracht wurden. Wir archivieren sie in uns, indem wir sie als Basis für unsere Handlungen definieren: Muster und Prägungen. Sich diese anzueignen, dazu bieten sich zwei Wege an: der aktive und der passive – als zwei Seiten einer Medaille.

Als junge Seele, als kleines Kind kommen wir auf die Welt, wir sind bereit, Erfahrungen zu machen und uns zu entwickeln, indem wir lernen. Als Menschenkinder tragen wir das Wissen um unsere Seele nur unbewusst mit uns. Der gesamte Fokus ist auf das Leben ausgerichtet. Als sehr junge

Kinder identifizieren wir das eigene Ich kaum als solches. Wir sind eng in Kontakt mit unserer Umgebung und unterscheiden kaum zwischen dem Du und dem Ich.

So liegt es zunächst an der Umgebung, welche Basis wir für unser Leben bilden. Vor allem ist es unsere Familie und das, was man »Erziehung« nennt, das uns damit direkt – und aktiv – beeinflusst. Die Summe dessen, wie die erwachsenen Menschen mit uns als Kindern umgehen, wie sie uns behandeln, welche Erfahrungen wir damit machen und welche Schlüsse wir daraus ziehen, prägt unser Verständnis für uns selbst.

In der sehr frühen Kindheit begegnet uns das Phänomen des »absorbierenden Geistes«. Dies drückt eine ganz spezielle Geistesform aus, die sich erheblich von jener der Erwachsenenwelt unterscheidet. Bereits die Kleinkinder haben die Fähigkeit der »ganzheitlichen Aufnahme«. So ist auch zum Beispiel das Erlernen der Sprache zu erklären. Kinder lernen in diesen frühen Jahren nicht durch Vokabeln und Grammatik, sondern erwerben die Sprache ganzheitlich. Diese Fähigkeit wendeten wir als Kinder für alles an. Man kann es sich so vorstellen, als ob wir unser Leben in jener Zeit mitfotografieren: Eine Situation wird per Knopfdruck mit allen Details festgehalten. Alles, was ist, jede Winzigkeit, jede Einzelheit wird bemerkt und sozusagen archiviert. Ohne Fotobearbeitung, alles bleibt drauf, nichts wird korrigiert. Und dieser Eindruck wird vom jungen Kind archiviert, direkt in der Bibliothek des Unterbewusstseins. Dort sammelt sich eine enorme Datenbank mit lauter Bildern und Eindrücken. Als sehr junge Kinder greifen wir auf diese Eindrücke nicht bewusst zu. Wir kommentieren sie nicht für uns. Es wird auch nicht verändert oder selektiert. Wie ein Schwamm nehmen wir als Kinder alles Geschehen in uns auf. Diese Erlebnisdatenbank in unserem Unterbewusstsein ist die erste Basis, die wir in uns als Erfahrungsschatz anlegen. Dabei machen wir keinen Unterschied, ob wir selbst aktiv beteiligt waren oder das Geschehen oder Verhalten anderer Personen nur beobachtet haben.

Im Alter von vier bis sechs Jahren verändert sich diese Geistesform und wird zunehmend aktiv. Das Kind beteiligt sich mehr und mehr auch »aktiv« an dem, was es beobachtet, sieht und erlebt, greift mit seinem eigenen Potenzial ein, bewertet und kommentiert innerlich alles. Doch in seinem Unterbewusstsein hat der Mensch als Basis dieses innere Kind und diesen Speicher der frühen Erfahrungen, auf die er ein Leben lang zurückgreift, unbewusst.

Man mag es sich vorstellen wie einen alten Stadtkern: Er wird von Beginn an angelegt, irgendwann ist er fertig. Von da an wird einfach angebaut, aber der Stadtkern bleibt erhalten, selbst wenn er irgendwann mal nicht mehr vorhanden ist, beeinflusst er noch immer »unsichtbar« das Bild der Stadt. Ähnlich verhält es sich mit unseren Mustern und Prägungen, die wir in unserem Kern angelegt haben. Im Gegenzug zum Stadtkern sind wir Menschen fähig, uns selbst umzugestalten. Doch dazu bedarf es der bewussten Entwicklung unserer Persönlichkeit. Das Hinschauen, das Annehmen und vor allem die Ehrlichkeit zu uns selbst und dann der Wille zur Veränderung sind die Voraussetzung. Die andere Möglichkeit ist, an der Oberfläche unseres Daseins zu leben, unsere Entwicklung nicht voranzutreiben und kaum mit unserer eigenen Tiefe Kontakt aufzunehmen. Gerade dann dient uns dieses unbewusste Feld unserer Muster und Prägungen umso mehr als beeinflussender Steuermechanismus unserer Handlungen.

Der weitere Pool, der vielen Menschen, die in und durch uns wirken und agieren, setzt sich aus den Vorgängen des scheinbaren Lernens zusammen. Während der Zeit unseres

Wachsens und Entwickelns in den Jahren des Kindseins haben wir aus den Reaktionen anderer scheinbar gelernt. Wir haben aus unseren Eindrücken Schlüsse gezogen, Definitionen erstellt und für uns gültige Lebensweisheiten definiert. Auf all diesen bauen wir im Verlauf des weiteren Lebens auf. Hier greift auch das Phänomen der Spiegelneuronen, ein Mechanismus unseres Lernens: Wir beobachten zum Beispiel, dass unsere Mutter zu bestimmten Anlässen Kaffee und Kuchen serviert hat, und ziehen daraus den Schluss, dass das so gehört, wenn es ein festlicher Anlass ist. Tun wir dies nicht, zelebrieren wir die Situation nicht ausreichend. Und genau an diesem Punkt schnappt die Falle des Vergleichens und Bewertens und des Sich-selbst-klein-Machens zu. So findet man für das Thema von fehlendem Selbstwert und mangelnder Selbstliebe die Ursache oftmals im Bereich der Muster und Prägungen, sofern man überhaupt auf die Idee kommt, hier nachzusehen.

Besonders die Spiegelneuronen sind ein Grund dafür, dass wir für unsere Lebenserfahrungen Schubladen anlegen, durch die wir kategorisieren und dann bewerten und damit in den Modus des ständigen Vergleichens geraten. Es ist kein Geheimnis: Die meisten von uns fühlen sich klein und unzureichend, wenn sie sich mit anderen vergleichen. Die Eigenbewertung fällt selten gut aus. Der Ursprung ist allerdings als Prägung zu sehen. Das Verhalten unseres Umfelds hat uns beeinflusst, wir haben gelernt, in einer Interaktion zu sein, haben uns in unserer Lebensweise angepasst, allesamt dahingehend, möglichst viel positive Anerkennung zu bekommen.

Die innere Landkarte und das Gefüge von Mustern und Prägungen sind ein großes Feld der Möglichkeiten. Der Weg der eigenen Entwicklung scheint eine unendliche Reise zu sein. Von meinem eigenen Weg möchte ich dir gern berichten.

Wenn ich heute auf meine Kindheit zurückblicke, ist mein erster Gedanke: »Eigentlich hatte ich eine gute Kindheit.« Wenn ich aber die Spuren meiner Kindheit verknüpfe mit meinem Er-Leben als erwachsene Frau, dann erkenne ich doch eine Vielfalt an Einflüssen eben aus dieser Zeit. Meine Mutter war sehr jung, als ich zur Welt kam, viel zu jung. Gerade mal 18 Jahre alt. Mutter zu werden, war für sie wohl ein Spiel und eine trotzige Reaktion hin zu ihrem Elternhaus. Dass dann ein Kind ihr alltägliches Leben begleitete, hat sie vielfach überfordert. Diese Überlastung drückte sie oft in einer Schuldzuweisung aus: »Wegen dir …«, und im Laufe meiner Jahre als kleines Mädchen habe ich viele solche »Wegen-dirs« eingesammelt: Wegen dir musste ich heiraten; wegen dir hab ich nichts von meiner Jugend gehabt; wegen dir hat mein Elternhaus mich enterbt; wegen dir musste ich jene Arbeit annehmen usw. Meine Mutter hat damit nicht nur unbewusst ein schlechtes Gewissen in ihrem kleinen Mädchen angelegt, sondern auch eine Schuldzuweisung deponiert, die in mir subtil wirkte. »Meine Mutter ist wegen mir in ihrem Leben unglücklich geworden.« Diese Prägung, »Wenn ich im Leben eines anderen bin, dann bringe ich Unglück«, hat lange meine Beziehungs(un)fähigkeit beeinflusst.

Mein Vater war sehr streng. Er selbst ist ohne Vater aufgewachsen, und das Bild eines liebenden Vaters fehlte ihm wohl. Dennoch hat er sein Bestes gegeben. Seine Idee dazu war, mir viele Vorschriften zu erteilen, wie mein Leben zu sein hatte. Das begann mit der Kontrolle von Schulheften und Schultasche. Eigentlich war ich eine recht gute Schülerin. Doch natürlich gab es immer noch eine Variante dessen, was »besser« hätte sein können: Die Schrift hätte sauberer sein können, die wenigen Fehler noch weniger, die Ordnung penibler. Ich lernte: Was immer ich auch tat, es war stets zu wenig. »Ich kann es nie-

mandem recht machen.« Diese Erfahrung hat mich später im Leben oftmals schon verzweifeln lassen, noch ehe ich etwas versucht hatte. Der Aufwand schien sich nicht zu lohnen, denn es war tief in mir verankert, was immer ich auch tun, wie sehr ich mich auch bemühen würde, jemanden zufriedenzustellen, es würde nicht reichen.

Der Weg der Zuwendung in meiner Kindheit war jener der Belohnungen. Für gute Leistungen gab es Aufmerksamkeit. Die Erfahrung lautete: Du musst gut sein, am besten ausgezeichnet sein, um Zuwendung zu erhalten. Und weil wir Menschen so ticken, dass das Besondere schnell gewöhnlich wird, habe ich als Kind schon gelernt, dass die Leistungskurve stets nach oben zu wandern hat, damit mein Tun auch als außergewöhnlich wahrgenommen wird. Welchem Leistungsdruck ich damals schon ausgesetzt war! Und umgekehrt erlebte ich, dass die Belohnung ausblieb, wenn ich nicht genug leistete. So manches, das ich gerne gehabt hätte, das mir vielleicht auch schon mal erlaubt wurde, gab es dann beim nächsten Mal nicht mehr. Ich wurde erpressbar – entweder, oder. Exakt dieser Mechanismus hat bei mir im Leben später häufig auch gegriffen, sodass mein Umfeld mich über meine Handlungsmöglichkeiten »im Griff hatte« und mich damit erpressen konnte. Auch diese Prägungen beeinflussten mein Erwachsenenleben viele Jahre lang, ohne dass es mir bewusst war. Stets forderte ich von mir selbst viel – sehr viel bis zu viel, und selten war ich mit mir zufrieden.

Der Weg meiner Berufsfindung war umständlich. Ich habe mich vielfach umorientiert. Dass ich die Orientierung verloren habe, lag auch an meinem Vater. Er hatte schon immer eine Vorstellung davon, was ein guter Beruf für mich wäre. Abitur und Studium waren in seinen Augen unnötig, schließlich war ich ein Mädchen, das bald heiraten würde. Abitur habe ich mir *in meiner Schulzeit noch erkämpft, die fehlende Unterstützung für ein Studium machte mir dieses unmöglich, und ich folgte seinen Ideen für meine Berufswahl. Aber die Anerkennung und Zustimmung oder gar die Liebe, die ich mir damit erhoffte, blieben aus. Vielmehr hat er mich, da ich »endlich« einen Beruf hatte, aus meinem Nest geworfen. »Jetzt bist du erwachsen, kannst selbst für dich sorgen, bau dir dein eigenes Leben auf.« Was für eine Erfahrung für ein Mädchen: »Ich bin verlassen und allein.« Und schließlich auch die Schlussfolgerung: »Sei auf der Hut! Denn du bist niemals gefeit vor dem Verlassenwerden und Alleinsein.« Der Keim für meine spätere Verlustangst war gesetzt. Ebenso entwickelte ich aus dieser Prägung heraus eine immerwährende Sehnsucht nach Verbindung.*

Direkt aus diesem Nest gefallen, hatte ich scheinbares Glück. Mein erster Lebenspartner war doppelt so alt wie ich und damit der perfekte Ersatz für meinen Vater. Oft haben wir gescherzt, dass ich mit ihm die Möglichkeit hätte, meinen »Vaterkomplex« aufzuarbeiten. Viel später erst erkannte ich, dass es tatsächlich so war. Ich hatte einen neuen Vater gewählt auf meiner Suche nach Liebe. Damit schlitterte ich direkt in das nächste Fiasko. Ich wurde nicht erwachsen, ich blieb Mädchen, ein Kind, das sich ein Nest wünschte. Ich fühlte mich klein und unbedeutend. Nur an der Seite des Mannes schien ich wahrgenommen zu werden, allem voran von mir selbst. Nur ich, ich war nicht sichtbar. Und weil ich diese Überzeugung tief in mir verankert hatte, sie selbst lebte, reagierte auch mein Umfeld entsprechend. Es war tatsächlich so, war ich ohne Ehemann unterwegs, erkannte man mich nicht. Meine Identität bezog ich über ihn. In all meinem Tun. Mit meiner ersten Ehe lebte ich erneut mein Kindsein. Das unglückliche kleine Mädchen auf der Suche nach Anerkennung und Liebe für weitere Prägungen. Mein damaliger Ehemann hat mir diese mitgegeben, unbewusst –

*ebenso wie ich sie ahnungslos in meine Handlungsmuster inte-
grierte und auch an meine Kinder weitergab. Gedankenlos.
Leider.*

*Doch es ist nie zu spät aufzuwachen, zu sehen, zu erkennen
und zu verändern.*

Die Schattenseiten auf dem Weg zum Licht

Gerade wenn sich das Erlebnisfeld des Menschen verändert
und wir zu erkennen beginnen, welche Zusammenhänge sich
in unserem Leben zeigen, ist die Gefahr groß, dass wir uns als
Opfer fühlen, zumal uns diese Rolle sehr vertraut ist. Dann
suchen wir gerne nach Schuldigen, denen wir die Verantwortung für so manche Misere in unserem Leben zuweisen können. »Wegen dir…« lautet dann ein beliebter Satz. Dieser
Schattenaspekt kann verlockend sein, denn es mag leichter
sein, die Ursache dem anderen zuzuschreiben, als selbst die
Verantwortung zu übernehmen und die notwendige Veränderung anzugehen. Doch dabei übersieht man, dass man sich damit auch in die Ohnmacht begibt. Denn dieses Verhalten bedeutet, dass man abhängig davon ist, wie der andere reagiert.
Gehen wir aber in die eigene Aktionskraft, dann bestimmen
wir selbst, wann die ersten Schritte hin zur Veränderung un-
ternommen werden und in welche Richtung sie gehen.

Bring die Wahrheit ans Licht

Du möchtest dein Leben mit Licht erhellen – dann betrachte
es zuerst einmal bei Licht. Und zwar in Ruhe. Mit diesen
Übungen wollen wir immer wieder innehalten und uns besinnen auf das, was ist, und auf das, was sich ändern soll.
Auch dich führt dein Leben nicht zufällig zu diesem Buch. Unsere gemeinsame Gedankenreise soll auch in dein Leben
Veränderung bringen. Besinne dich jetzt für einen Moment

und schenke dir die Zeit, um dich zu erinnern: an die Zeit deiner Kindheit, deiner Schulzeit, deines frühen Erwachsenseins.

• Welche Menschen waren wichtig für dich?
• Wie war ihr Verhalten dir gegenüber, aus deiner heutigen erwachsenen Sicht?
• Wie hast du darauf damals reagiert?
• Wie beeinflusst das heute noch dein alltägliches Leben?

Wir sind ferngesteuert von Emotionen und Gedanken

Heute, da mein Leben viel heller ist und ich es aus einer ganz anderen Kraft heraus leben kann und darf, sehe ich die Aspekte, die früher das Licht von mir ferngehalten und die Türen für mich verschlossen haben. Ich erkenne, warum meine Lebensräume dunkel blieben. Manchmal bezeichne ich diese Aspekte als »holy shit«. Holy, also heilig, deshalb, weil es eben jene Herausforderungen sind, die uns wahrlich wachsen lassen. Shit deshalb, weil es sich im Alltag ganz einfach so anfühlt und man den Eindruck hat, all das sei unnötig und überflüssig. Aber das ist ein Irrglaube.

Und so reiht sich ein weiterer wertvoller Aspekt in unser Feld der Möglichkeiten: Im Gegensatz zu Mustern und Prägungen, die ich in meinem Verständnis als Mechanismen erkenne, die »von außen« auf uns einwirken und die als äußerliche »Werkzeuge« eingreifen, gibt es noch etwas, das wir selbst aus der Reaktion auf das (Er-)Leben IN uns angelegt haben, und das dann aus dem Inneren heraus auf uns einwirkt und uns (fremd)steuert: Emotionen und Gedanken.

Emotionen sind jene Ladung, die unser Denken dem Gefühl verleiht. Unser Unterbewusstsein bringt die Situation oder das Gefühl mit einer mutmaßlichen Gefahr in Verbindung. Wenn wir die Gefühle in unser emotionales System integrieren, nehmen wir die Empfindung ohne Ladung an. Es geht also darum, welche Beurteilungen wir unseren gefühlten Wahrnehmungen geben. Mit ihnen schaffen wir die Wirklichkeit, die wir erleben. Beurteilungen geben wir ab, indem wir auf Erfahrungen zurückgreifen. Zu oft stehen diese Erfahrungen aus der Vergangenheit als offene Rechnungen oder ungelöste Probleme in unserer Datenbank der Emotionen. Sie blockieren uns vor allem darin, weiterzugehen und voranzukommen. Sie binden uns und machen uns emotional unfrei. Freiheit wäre nämlich das Vertrauen, dass letztendlich alles gut wird.

Um im Alltag emotional zu überleben und der Gefahr der Verletzung zu entgehen, schalten wir meist unsere Gefühle ab. Stromausfall. Gefühlsausfall. Energieausfall in unserem System. Somit ist nachvollziehbar, dass jeder Gedanke, jede Emotion eine Auswirkung hat. Wir unterscheiden dabei:

1) die bioenergetische Resonanz in unseren Chakren und im Meridiansystem;
2) elektrische Signale in unserem Nervensystem, die sich auf die Organe und das Gewebe auswirken;
3) biochemische Signale mit Wirkung auf das Immunsystem, die Zellen und das Gewebe;
4) das morphogenetische Feld, bei dem Gedanken und andere Schwingungen in den Raum um uns hinausgestrahlt und von anderen aufgenommen werden können.

Jedes Mal, wenn wir eine Emotion erleben, kommt es zu einer gewissen Menge an Energie, die sich aufbaut und danach verlangt, auch wieder freigesetzt zu werden. Mit anderen Worten: Emotionen stehen für eine Energie, die Richtung, Bewegung und Handeln braucht, unabhängig von der Ursache. Die Ursache und der Reiz sind überhaupt nicht von

Bedeutung. Worauf es ankommt, ist das, was wir mit dieser Energie machen. Emotionen zu durchleben ist die eine Seite der Medaille, sie auszudrücken und die Energie zirkulieren oder sich auflösen zu lassen die andere. Panta rhei – alles im Fluss – sagten die Philosophen der griechischen Antike. Energie will fließen. Oftmals richten wir die Emotionen nach innen. Dadurch kommt es zu Blockaden und zu einem Stau an Lebensenergie. Vitalität und Lebensfreude gehen verloren.

In diesem Kontext verstehen wir Emotionen als jene Gefühle, die uns nicht guttun, sozusagen jene, die wir als negativ bewerten: Angst, Wut, Unsicherheit, Traurigkeit, Frust, Sorgen, Stress, Starrheit. Reagieren wir auf sie mit einer Art »Schockzustand«, indem wir sie nicht wahrnehmen oder verdrängen, verhält sich die Energie wie »freie Radikale« und greift unkontrolliert in unser System ein. Das beeinflusst die Organe und die jeweils betroffenen Körperbereiche. Stagnationen in diesen Bahnen führen zu emotionalem Ungleichgewicht, Energieverlust, Selbstsabotage und Krankheit.

Aus der Haltung des bewussten Seins wenden sich Emotionen immer an uns, um etwas zu »heilen« und uns dazu zu bewegen, den Weg der Veränderung und der Integration zu wählen. So begegnen wir also Emotionen, die etwas in uns auslösen. Damit wollen wir uns im Folgenden ein bisschen näher beschäftigen.

Angst

Wir alle haben Ängste, jeder hat Ängste. Ängste bilden die Basis aller Emotionen oder umgekehrt: Alle Emotionen entspringen der Angst. Deshalb ist Angst der alles beherrschende emotionale Zustand, der uns Lebenskraft entzieht. Sie rührt von einer auftauchenden Gefahr für unser Leben her und basiert auf dem Gedanken, dass wir eine bestimmte Situation nicht überstehen könnten und dann womöglich das verlieren, was uns am kostbarsten ist: unser Leben, einen geliebten Menschen, unser Einkommen, unseren Besitz usw. Die größten Ängste, die wir zu überwinden haben, sind jene des Verlustes, der Konfrontation und der Ablehnung.

Menschen, die ständig in einem Karussell ihrer Ängste gefangen sind, verlieren unentwegt an Energie. Ängste sind nämlich jene Emotionen, die am meisten Energie verbrauchen. Wenn wir uns ihnen nicht zuwenden, dann erschöpfen wir unsere Reserven, die Batterien werden leer. Chronische Erschöpfung erschwert es uns zunehmend, aus dem Karussell auszusteigen, denn da es uns an Kraft fehlt, können wir uns auch nicht dazu aufraffen, uns dem angstauslösenden Thema zu stellen. Ein Teufelskreis. So erfahren wir die Angst als Emotion der Materie und einen der wesentlichen Faktoren für Krankheiten.

Emotionen stehen selten isoliert und alleine da. Zumeist gesellen sich ihre »Freunde und Familien« hinzu. Im Umfeld von Angst finden wir also oft auch ihre Unterstützer wie fehlendes oder wenig Selbstvertrauen, Misstrauen, Unsicherheit. Und umgekehrt: Nehmen wir einen dieser Gefühlszustände wahr, dann liegt zumeist die Grundursache in der Angst, und es kann gut sein, dass wir sie vor uns selbst bedeckt halten, dass wir es nicht wagen, ihr ins Gesicht zu schauen.

Insgesamt geht es hier um die Entwicklung eines positiven Selbstbildes und das Eintreten in die eigene Kraft sowie um das Entwickeln und Erlangen von Selbstvertrauen. Mit diesen Qualitäten geht wahrlich auch eine Veränderung des alltäglichen Lebens vonstatten. Liegt die Angst zum Beispiel darin begründet, dass wir uns vor der Veränderung unserer eigenen Persönlichkeit und dem daraus folgenden Wandel alltäglicher Situationen fürchten, entscheiden wir uns oftmals für die Anpassung. Auch weil wir es nicht wagen, die eigene Meinung zu vertreten, oder Angst davor haben, für die eigenen Gefühle einzustehen. Sich für mangelndes Selbstbewusstsein zu entscheiden wirkt wie der sichere Weg. Das tun wir vielleicht auch aus dem Gefühl der Unsicherheit, der Schwäche und Schüchternheit.

Unsere eigene Trickkiste, um uns selbst in der Blase der Illusion zu halten, ist groß. Und anstatt zu erkennen, dass wir mit Angst unser System blockieren, verkaufen wir uns selbst zum Beispiel »ein gesundes Misstrauen« als positive Qualität für unser Leben. Dennoch wirkt in uns die Angst. Nicht wahrgenommen, im wahrsten Sinne des Wortes, wirkt sie unkontrolliert und destruktiv. Darüber hinaus ermöglichen nicht beachtete Ängste, dass wir von anderen gelebt werden. Wir erlauben die Fremdbestimmung und die eigene Ohnmacht. Die Außenwelt wird zu unserem Antrieb. Angst ist aber auch der Hinweis darauf, dass wir die Verbindung zu unserem höheren Selbst verloren haben, genauso wie das Vertrauen in den ureigenen Weg des Lebens, der Erfahrung und Entwicklung. Als Kompass dient uns dazu der eigene Widerstand, der sich oftmals in Ausreden und Erklärungen ausdrückt. Wenn wir Widerstand erkennen, dann ist dies zugleich die eigentliche Richtung, in die uns unsere Seele einlädt. Dies ist der ureigenste Weg hin zum wahren Selbst, der uns zum Licht und zu einem helleren Leben führt.

Wut

Emotionales Gleichgewicht basiert vor allem auf dem uralten Wissen der Meridiane. So steht die Wut in Kontext zum Lebermeridian. »Ihm ist was über die Leber gelaufen«, stellt der Volksmund oftmals fest, wenn Wut wahrgenommen wird.

Eigentlich ist Wut weder negativ noch positiv. Wut ist eine Reaktion unserer Gefühlswelt auf eine äußere Situation. Den meisten Menschen ist nicht bewusst, dass die Wut uns nur auf ein Geschehen hinweisen möchte. Es erinnert uns an eine unverheilte und damit noch nicht verarbeitete Verletzung unserer Seele. Wendeten wir unsere Aufmerksamkeit dieser Verletzung zu und heilten diese Wunde, würde dieselbe Situation uns nie mehr wütend machen. Oder umgekehrt ausgedrückt, wenn wir in einer ähnlichen Situation die Erfahrung machen, dass sie uns emotional neutral lässt, dann können wir davon ausgehen, dass die Verletzung geheilt ist.

Die Praxis zeigt allerdings, dass die meisten Menschen nicht mit Wut umzugehen wissen. Das liegt meist an unserer Erziehung. Wir haben gelernt, Wut zu unterdrücken, sie zu verdrängen und nicht wahrzunehmen. Dennoch, vielfältige Ereignisse in unserem Alltag können uns wütend machen. Und dann? Was passiert? Wenn wir Wut und Ärger unterdrücken, entwickeln sie sich zum Risikofaktor für unsere Gesundheit. Über die Leber bauen wir Giftstoffe im Körper ab. Blockieren wir mit der Energie der Wut diesen Meridian und damit den Energiefluss, speichern wir Giftstoffe ab, anstatt sie auszuscheiden.

Tragen wir der Wut nicht entsprechend Rechnung, vergiften wir auf emotionaler Ebene unser Leben und damit uns selbst. Das wirkt schädigend auf unsere Organe, vor allem auf das Herz. Denn Wut ist immer direkt mit dem Herzen verbunden. Fühlen wir uns verletzt, spüren wir den Schmerz im Herzen und werden wütend. Alles, was uns wütend macht, berührt unser Herz. Das Herz ist es, das um die Heilung eines alten Schmerzes ersucht. Der Schlüssel zum Verständnis der Wut liegt darin, dass es keine Rolle spielt, wer oder was uns wütend macht, denn es ist immer unsere eigene Interpretation, in der die Ursache für unsere Wut liegt. Unser Weltbild gerät in Konflikt mit der Realität und setzt dann eine Energie frei, die aus dem Organismus herausgelassen werden will. Ansonsten vernebelt sie unsere klare Sicht und unser logisches Denken und bringt uns dazu, übereilte, impulsive Entscheidungen zu treffen.

Auch die Wut wird begleitet von ihren Gesellen, vor allem von der Enttäuschung über unerfüllte Erwartung. Und wenn wir die Wut unterdrücken, zeigt sie sich oftmals als Verletztheit, Abweisung, Eifersucht, Frustration, Irritation, Zorn.

Sorgen

Wenn uns die Emotionen in die Welt der Sorgen entführen, dann landen wir stets in der Zukunft. Sorgen führen uns weg vom Hier und Jetzt. Sorgen beschäftigen sich mit Ereignissen, die noch nicht eingetreten sind. Dabei geht es vor allem um die Themen, die Familie, die Finanzen oder den Arbeitsplatz betreffen. Menschen, die sich in dieser emotionalen Verstrickung wiederfinden, erfahren in ihrer Lektion des Lernens, wieder zum Vertrauen zurückzufinden, ins Hier und Jetzt zu kommen und damit zu sich selbst, um jene Gedankenwelt loszulassen, die noch gar nicht stattfindet. Sorgen sind ein Konstrukt unserer Fantasie, beruhen aber auf dem Konzept der Erfahrungen, die wir in unserem Leben gemacht haben.

Wiederkehrende Sorgen wirken sich nicht nur auf unsere Gedanken aus, sie blockieren uns auch und erschweren unsere Konzentration. Was kaum einer weiß, ist, dass selbst in Lebensbereichen, in denen wir scheinbar nicht fähig sind, die Ziele, die wir anvisieren, zu erreichen, es ebenfalls die Sorgen sind, die die Energien blockieren. Sie entführen uns in die Welt der Fantasien und Vorstellungen und lenken uns ab. Unsere Ziele rücken in unerreichbare Ferne.

Du kannst nachts nicht schlafen? Es sind die Emotionen, die dich wach halten. Nachts sind die Sorgen aktiv, in unseren Träumen und Ängsten. Wir schlafen schlecht oder gar nicht.

Allesamt kosten uns diese Emotionen viel (Lebens-)Energie. Denn Sorgen sind auch dafür verantwortlich, dass unser Körper angespannt ist. Anspannung mag kurzfristig gut sein, um Energien zu mobilisieren, aber wenn sie sich als Dauerzustand im Körper manifestiert, brauchen wir viel Energie dafür. Die fehlt uns dann im Alltag, um Unternehmungen, Anstrengungen oder Herausforderungen zu bewältigen. Anspannung verhärtet uns auch, und wenn wir in einem angespannten Körpertonus sind, sind wir nicht empfänglich für Wahrnehmungen. Dazu braucht es eine offene Bereitschaft. Offenheit und Empfangen bedarf des weichen Tonus. Die Sorgen begegnen uns auch in anderen Facetten wie Widerwille, Gleichgültigkeit, Egoismus oder aufsässigem Verhalten.

Auch die Enttäuschungen sind die Gefährten der Sorgen. Manche Menschen ziehen es unbewusst vor, im Dunkel ihrer Enttäuschungen zu leben statt im hellen Licht des Heute. Sie verstricken sich in den Ereignissen, die geschehen sind, ebenso wie in den Mutmaßungen darüber, wie es hätte sein sollen. Dabei übersehen sie ganz, womit sie bezahlen: mit der eigenen Freiheit. Sie leben festgebunden an das Konstrukt von Imagination, unfrei für das eigene Leben.

Kummer, Traurigkeit und Schmerz

Alles Leben ist ein ständiges Werden, ein ständiges Verändern. Niemals ruht etwas. Das Leben erlaubt kein Festhalten, denn in diesem Festhalten kreieren wir Unfreiheit und Bindung von uns selbst. Wachstum und Werden haben für unsere Persönlichkeit Priorität. Das stellt viele Menschen aber vor eine Herausforderung. Denn es braucht das stetige Loslassen des Vertrauten, des scheinbar Sicheren, um die Veränderung immer wieder neu im Leben willkommen heißen zu können und damit den Weg der Verwandlung zu gehen. Es ist wichtig, immer wieder neu zu lernen, immer wieder neu loszulassen und in diesem Prozess das stetige neue Entdecken zu genießen.

Beim emotionalen Konzept von »Kummer« geht es in erster Linie darum zu lernen, alles Vergängliche zu lieben und auch den tiefen Sinn darin wahrzunehmen, im wahrsten Sinne des Wortes. Doch die Menschen sind zumeist so konditioniert, dass sie festhalten an dem, was geschah. Sie glauben, es sei einfacher, sich an Menschen und Umstände zu binden, als sich immer wieder für das Neue zu öffnen. Wir hören dann oft Sätze wie »Darüber komm ich nie hinweg«, »Das werde ich dir nie verzeihen«, »Das wird sich niemals ändern«. So entstehen Gefühle wie Angst vor Veränderung, Misstrauen gegenüber jeder Neuerung, Ohnmacht angesichts von Veränderungen, das Gefühl, überrollt zu werden. Wir wollen die Kontrolle behalten.

Die Themen, die wir nicht loslassen können, sind Erinnerungen an Dinge, mit denen wir Mühe hatten. Unsere Seele erinnert sich daran, dass es noch etwas zu tun gibt. Nur unser Verstand übersetzt die Emotion anders.

In diesem Aspekt der Emotion geht es auch um Depression, Verlust, Trauer, Starre und die Unfähigkeit, mit der Vergangenheit abzuschließen. Auch übertriebene Nostalgie und Verweilen in der Vergangenheit gehören in dieses System. Diese Emotion samt ihren Gefährten verleitet dazu, außerhalb des Hier und Jetzt zu sein. Dies ist ein körperlicher Zustand, in dem wir immer Lebensenergie abgeben, und als Konsequenz fühlen wir uns müde und ausgelaugt. Emotionen sind also Begleiter in ein Tief voller Ausweglosigkeit und Dunkelheit.

Finden wir uns in diesem Tief, haben wir gute Chancen, dort auch anderen Gefährten dieses emotionalen Konzepts zu begegnen: Enttäuschung und Verbitterung. Ebenso lauert hier ein weiterer unerwünschter Gast: Frust. Diese ungebetenen Besucher in unserem emotionalen Erleben machen uns unfrei, binden uns an die erlebten Situationen. Und oftmals ist es in unserem alltäglichen Umfeld so, als hätten wir einen starken inneren Magneten aktiviert, der dafür sorgt, dass entsprechende Ereignisse geschehen, Probleme hervorgerufen und ungelöste Themen aufgezeigt werden. Doch inmitten unserer Dunkelheit erkennen wir all dies nicht, wir sind handlungsunfähig und sehen uns als Opfer.

Dieses Nicht-loslassen-können nährt einen weiteren Aspekt in diesem Kreis der Emotionen, die uns unfrei machen: Unfähigkeit zu vergeben. Dem liegt viel weniger eine böswillige Haltung als vielmehr ein tiefer Schmerz zugrunde: Verletzung und Zurückweisung. Aus diesem Gefühl heraus entsteht ein umfangreiches Konzept: Wir glauben, das Vertrauen in die beteiligten Personen verloren zu haben, unterdrücken die Gefühle der Liebe und gehen in die Ablehnung. Sich verletzt zu fühlen ist eine der schrecklichsten Empfindungen. Sie kann dazu führen, dass wir uns einen Panzer zulegen und uns unnahbar zeigen. Dabei fügen wir uns den größten Schmerz selbst zu: die Einsamkeit. Mit ihr einhergehen oft die Depression und das Gefühl, für die Welt wertlos zu sein.

Letztendlich geht es dabei um unser Herz, das wir schützen wollen. Die gute Nachricht lautet: Wir können lernen, dieses Gefühl loszulassen, und damit erkennen, dass die Handlungen anderer für uns ein Weg sind, mehr über uns selbst in Erfahrung zu bringen.

Es ist die Macht des Verzeihens als die heilendste Kraft, die uns zur Verfügung steht, um die Vergangenheit loszulassen.

Indem wir verzeihen, sprengen wir die Fesseln der Vergangenheit und lösen uns vom Karma.

Vermeidungsstrategien

Die Geschichten im Alltag offenbaren sich zumeist so, dass sie sich nicht als eine isolierte Emotion zeigen. Hinzu kommt, dass unser Alltag sehr intensiv ist. Die Welt verändert sich rasant. Wir haben kaum Möglichkeiten, alle Reize, die auf uns einströmen, all das, was sich in uns anstaut, wieder loszuwerden, also werden wir hypersensibel und überreizt. Und dann verstricken sich auch noch die Ebenen, man hat ein Knäuel vor sich und weiß nicht, wie man die Geschichten, Geschehnisse und Empfindungen aufdröseln soll. Kein Anfang und kein Ende zeigen sich. Es ist verständlich, dass man sich dabei überfordert fühlt. »Es ist zu viel. Ich bewältige es nicht. Ich kann es nicht schaffen.«

So manch einer meint, es sei leichter und einfacher, nicht hinzuschauen, statt mit der Arbeit zu beginnen. Wir verdrängen die Wahrnehmung und/oder unterdrücken die Gefühle. Doch das funktioniert nur kurzfristig. Das Dunkel wird dunkler, und die Situation erscheint uns noch auswegloser. Und ganz nebenbei beginnt das Karussell sich zu drehen, denn die Struktur des Lebens bringt es mit sich, dass, wenn wir die Lerneinheiten nicht wahrnehmen, ein ähnliches Thema, eine ähnliche Situation aufkommt – immer und immer wieder. Zumeist mit noch mehr Intensität: Das Problem wird größer, der Schmerz stärker, das Loch, in dem wir ohnehin schon stecken, gräbt sich von selbst tiefer. Und weil sich jede nicht erlöste Emotion in ihrer Energie als Blockade nach innen richtet, reduzieren wir auch den Fluss der Lebensenergie. Sie reicht nicht mehr aus. »Mir wächst alles über den Kopf.« »Ich kann mich nicht entspannen.« »Ich arbeite zu wenig hart.«

Das innere Chaos scheint vorprogrammiert, und die Truppen an ungebetenen Gästen aus dem Land der Emotionen vergrößern sich: Ohnmacht, Verzweiflung, Erschöpfung, innerer Stress, Hilflosigkeit. Wir verlieren das Vertrauen in uns selbst und degradieren uns selbst: Mangelnde Selbstliebe und mangelnder Selbstwert werden zu unseren Begleitern.

Eine der Spielregeln im Leben lautet: Wogegen wir uns wehren, das bleibt bestehen, was wir unterdrücken, verfolgt uns ewig. Es ist eine unbewusste Taktik der Vermeidung, dass wir glauben, alles verbessere sich, wenn die andere Person sich ändert oder zumindest die Situation. Das Leben lehrt uns, dass das nicht möglich ist. Die Situationen können wir nicht verändern. Wir können nur verändern, wie wir selbst damit umgehen, was wir in uns erlauben, dass geschieht. Wir sind Herrscher im eigenen Palast der Gefühle und Emotionen.

Das bedeutet: Wir sind selbst dafür verantwortlich, inneren Frieden zu schaffen – es gibt niemanden, der uns das abnehmen kann. Indem wir volle Verantwortung übernehmen für unsere Handlungen, Gedanken, Überzeugungen und Gefühle, machen wir uns wirklich auf den Weg zu innerem Frieden.

Wenn Energie in uns frei fließt, dann fühlen wir uns nicht nur vital und gesund, sondern auch ausgeglichen und stabil in unserer inneren Mitte, angebunden an die universelle Energie. Sie dient uns als die größte Energiequelle. Damit wir sie nutzen können und sie in uns frei fließt, müssen bzw. dürfen wir uns von allem befreien, das diesen Energiefluss blockiert. Wir müssen wieder lernen, Emotionen bewusst wahrzunehmen und sie auszudrücken, damit unsere Lebensenergie kraftvoll fließen kann.

So werden wir frei von Altem. Wir lösen uns von der Vergangenheit und haben keine Blockaden mehr, die durch Erinnerungen oder Gedanken hervorgerufen werden. Wichtig dabei ist, die Emotionen bewusst wahrzunehmen und sie nicht zu verdrängen, denn nur so bereichern sie unser Leben. So wie die Wandlungsphasen von einer in die andere übergehen, so bringt eine die andere hervor.

Was wäre das Leben ohne Emotionen? Wie schön ist es doch, nach einer Zeit von Trauer und Sorgen wieder Freude im Leben zu haben! Angstzustände zu überwinden macht uns noch stärker. Letztendlich ist die Welt der Emotionen eine Erfahrungsschatzkiste, die uns dabei hilft, uns selbst besser kennenzulernen, den eigenen Lebensweg zu erkennen und ihn zu gehen.

Bring die Wahrheit ans Licht

Du möchtest dein Leben mit Licht erhellen – dann betrachte es zuerst einmal bei Licht. Und zwar in Ruhe. Mit diesen Übungen wollen wir immer wieder innehalten und uns besinnen auf das, was ist, und auf das, was sich ändern soll. Auch dich führt dein Leben nicht zufällig zu diesem Buch. Unsere gemeinsame Gedankenreise soll auch in dein Leben Veränderung bringen. Besinne dich jetzt für einen Moment, und schenke dir die Zeit, um deine Emotionen genau zu betrachten. Wie häufig bzw. intensiv erlebst du sie in deinem Alltag? Ordne ihnen eine Bewertungsziffer zu, um für dich zu reflektieren: 5 = sehr häufig, 4 = oft, 3 = gelegentlich, 2 = selten, 1 = nie.

Angst ____ fehlendes Selbstvertrauen ____ Misstrauen ____ Unsicherheit ____ Wut ____ Enttäuschung ____ unerfüllte Erwartung ____ Eifersucht ____ Frust ____ Irritation ____ Sorgen ____ Ziellosigkeit ____ fehlende Konzentration ____ Egoismus ____ Gleichgültigkeit ____ Widerwille ____ Kummer ____ Traurigkeit ____ Schmerz ____ Handlungsunfähigkeit ____ fehlendes Verzeihen ____ Zurückweisung ____

Überlege weiter:

* In welchen Emotionen erkennst du dich wieder?
* Wie reagierst du auf das Geschehen in deinem Umfeld?
* Nimmst du alles persönlich?
* Hältst du Ausschau nach Möglichkeiten des Wachstums?
* Wie gehst du mit deiner Wirklichkeit um?
* Ist dein Glück von deiner Außenwelt abhängig? Oder findest du es in dir?
* Liebst du dich selbst?

Wir sind abgelenkt durch die Suche und die Bilder im Außen

Ich habe so viele Jahre mit der Suche verbracht. Der Suche nach mir. Das Leben hatte etwas aus mir gemacht, das ich nicht wirklich war. Doch das war mir nicht bewusst. Ich hatte nur ständig irgendwie im Kopf, »etwas werden zu wollen«, »etwas finden zu wollen«, »etwas sein zu wollen« – nämlich ich, wahrhaftig und wirklich ich. Das konnte ich aber gar nicht so genau definieren. Ich spürte eine innere Sehnsucht. Ich war auf der Suche. Der Prozess des Suchens verselbstständigte sich, und weil er an das Werden-wollen andockte, war ich beschäftigt mit dem Werden. Welch ein Glück, dass das Seminarangebot vielfältig war. Welch ein Glück, dass ich in einer Stadt lebte, in der es viele Workshops und auch Buchhandlungen gab. Dort deckte ich mich mit den sogenannten »Selbstfindungsbüchern« ein. Aus heutiger Sicht muss ich ehrlich sagen, viel davon hätte man als »Selbst-Erfindung« bezeichnen können. Was ich alles wurde! Ich könnte beinahe sämtliche Buchstaben des Alphabets abdecken: Astrologin, Bodywork Therapeutin, CQM-Practicioner, Erziehungsberaterin, Health Coach und so weiter.

Doch je mehr ich lernte und ausprobierte, umso größer wurden meine Sehnsucht und die innere Distanz zu mir selbst. Irgendwann kam die Ahnung auf, dass ich damit beschäftigt war, im Außen zu suchen, statt den Weg nach innen zu wagen. Doch wie kam es dazu?

In mir war ein Muster angelegt worden. Dieses Muster besagte, dass die Bilder des Außen verlässlicher und erstrebenswerter für ein gutes Leben waren als meine eigenen Bilder.

»Schau dir doch mal die anderen an« – wie oft hab ich diesen Satz in meiner Kindheit gehört! Wenn ich zurückdenke, muss die Welt voller »anderer« gewesen sein. Gemeinsam hatten sie, dass sie allesamt besser waren, bessere Leistung brachten, ein besseres Leben führten. Meine Kindheit war geprägt von Leistungssport. Um mein kindliches Talent für Tennis waren ehrgeizige Menschen versammelt, die sich über mich verwirklichen wollten: Trainer, Funktionäre, Vereinsmeier – und meine Eltern. Meine kindliche Seele hat dieses Programm nicht durchschaut. Ich hatte einfach Spaß am Spiel. Vom Trainer wurde ich dazu angehalten, mir stundenlang andere Menschen anzuschauen, deren Vorhand, deren Rückhand, deren Beinarbeit effektiver waren als meine. »Schau mal, wie konzentriert sie ist«, »Schau mal, wie sie spielt«, »Schau mal, wie sie den Ball anvisiert«, »Schau mal, wie sicher sie auf den Platz geht«. Für all das, was bei mir nicht zum Erfolg führte oder sich als Stolperstein erwies, schien es eine Erklärung zu geben. Ich war viel zu wenig wie die anderen. Sie machten es besser. Meine kindliche Seele wusste es nicht besser, als auf die Menschen zu hören, die scheinbar das Beste für mich wollten. Sie kreierten Bilder und setzten sie mir in Form von lebendigen Beispielen vor die Nase. »Sei wie sie«, lautete die Botschaft. »Ich will sein wie die anderen«, lautete mein inneres Credo, und ich tat mein Bestes, die anderen zu kopieren. Zum Teil war ich damit erfolg-

reich. Aber nur zum Teil. Irgendwie reagierte meine kindliche Seele bereits so, wie es auch eine erwachsene Seele tut: Sie hatte keine Lust auf »die anderen« – sie mochte sie selbst sein. Und so hab ich die Lust am Tennis verloren. Spiel, Satz. Aus. Vorbei. Jahre des Trainings umsonst. Zurück blieb die Erfahrung: »Wenn du nicht bist, was die anderen sind, dann wirst du nicht erfolgreich sein und dein Ziel niemals erreichen.«

Dieses Handlungsmuster aufzudecken hat mich viele Jahre gekostet. Als erwachsene Frau, die mit der Suche nach sich selbst beschäftigt war, orientierte ich mich im Außen und wurde stets fündig. Die Welt schien voll zu sein von »anderen«, die glücklicher, erfolgreicher, wissender, attraktiver, sportlicher waren als ich. Offenbar hatten alle den Schlüssel zum Glück gefunden. Nur ich nicht. Und so war ich damit beschäftigt, diese anderen ganz genau zu beobachten. Und ich suchte und suchte und suchte. Und mein Leben erschien mir unglücklich, sinnlos, leer – auf jeden Fall dunkel. Denn ich konnte nichts sehen, weder meinen Weg noch mich selbst.

Aber meine Seele hat mich geführt. Und zwar über den Weg des »Zufalls«. Eine Begegnung dort, ein Ereignis da, ein erhellender Augenblick und ein Aha-Erlebnis. Begegnungen, Gespräche, Ereignisse und Möglichkeiten reihten sich aneinander, Träume wurden Wirklichkeit, mein Leben immer reicher an Freude, und irgendwann erkannte ich: Ich wurde immer mehr ich. Ich war, ich bin die, die ich mir stets gewünscht hatte zu sein. Aus der Ahnung wurde Gewissheit: Da ist ein Licht für mich, damit ich klarer sehen kann, damit ich meinen Weg und auch meine Berufung erkenne.

Als ich diesem oben beschriebenen Muster auf die Spur kam, war ich erstaunt ob der Vielfalt an Bildern, die ich in mir fand. Wieder und wieder und wieder. Allgemein bekannt ist, dass der Mensch als Kind durch Beobachten lernt. Es ist eine Geistesform, die seiner Entwicklung dient. Babys lernen mit Begeisterung neue Dinge kennen. Schnell beginnen sie, an Gegenständen Interesse zu zeigen. Es ist ein wahrnehmendes Beobachten, das die Kinder zur Nachahmung des Umfeldes führt und auf diesem Weg zur Entwicklung ihrer selbst. Die komplexe Welt des Menschen lässt sich nicht alleine durch Signallernen, Versuch und Irrtum sowie Belohnung und Bestrafung begreifen. Kinder lernen durch Nachahmung – und suchen sich dabei Vorbilder, deren Verhalten belohnt wird bzw. ohne Konsequenzen bleibt. Es ist also Teil unserer Natur zu schauen, »wie die anderen es machen«, von ihnen lernen zu dürfen. Der Hinweis unseres Umfeldes »Schau mal, wie die anderen es machen« ist durchaus als wertvoll anzusehen.

Geben wir jedoch unsere Freiheit auf, binden wir uns an die äußeren (Vor-)Bilder. Sind wir zu sehr auf die anderen fixiert, geben wir den eigenen Raum für das eigene Sein auf. Sein zu wollen wie die anderen bestimmt unser Tun und Handeln. Wir versuchen, uns anzupassen. Das Bild »der anderen« wird zum äußeren Leitmotiv. Das innere Bild wird vergessen bzw. es wird verdrängt, vor allem dann, wenn die inneren Bilder vom äußeren Erleben abweichen.

Mit dem Strom zu schwimmen scheint einfacher, als die eigene Strömung zu fühlen. Nur die eigene Strömung führt uns jedoch zu uns selbst. Wahrhaftigkeit ist der Kompass für das Innere, denn in der Wahrhaftigkeit liegt die Treue zu sich selbst. Hier finden wir den Weg nach innen, hinein in die eigene Tiefe, hinein in die Offenheit des Erlebens. Dazu müssen wir uns aber zuerst dem Dunkel stellen. Wählen wir den scheinbar leichteren Weg, indem wir Ja zu allen anderen sagen, geben wir das Ja zu uns selbst auf, das Ja zur eigenen Wahrheit, die wir in uns tragen.

Und irgendwann finden wir uns bei der Frage wieder: »Ja, bin denn das noch ich?« Ziemlich sicher ist sie mit »Nein« zu beantworten. Denn wir alle sind im Laufe des Lebens gut angeleitet worden zu entsprechen – den Vorstellungen und Erwartungen anderer. Gesellschaft und System funktionieren natürlich besser, wenn möglichst viele Menschen möglichst dieselbe Matrix haben. Dies beginnt mit Politik und Bildung: Möglichst viel Individualität zu fördern entspricht nicht den Möglichkeiten. Die Schulklassen sind zu groß, die Bildungsangebote zu konform, als dass sie Raum für die einmalige Persönlichkeit bieten könnten. Durchschnittslevel und Einheitsnorm haben Vorrang gegenüber den individuellen Fähigkeiten. Standards sind vorzuziehen. Gleich zu sein wird antrainiert. Früh machen wir die Erfahrung, dass wir durchfallen, wenn wir dem System nicht genügen. Anpassung und Orientierung an dem, was gewünscht wird, hat oberste Priorität. Interesse am Kern des Menschen hat niemand. Die Vielfalt würde das System überfordern. Wir sollen berechenbar und damit in einer Art und Weise manipulierbar sein. Industrie und Werbung machen es uns vor: Sie bieten uns über die Medien eine Flut von Bildern an, die uns das optimale Leben vorgaukeln und den scheinbaren Erfolg auf allen Ebenen: Liebe, Glück, Reichtum, Schönheit, Gesundheit. Die Botschaft scheint zu sein: »Sei wie das Bild, handle nach den Vorgaben, und alles ist gut.« Die Wirtschaft hat für uns auch die passenden Angebote – Konsum im Überfluss. Eine ganze Industrie hat sich über die Jahre entwickelt, die sich damit beschäftigt, dem Menschen ein Mehr an Erfolg für alle Lebensbereiche anzubieten. Kaufen wir dies oder jenes, fahren wir dort- oder dahin, werden wir so oder so, dann scheint das Lebensglück garantiert. Unbewusst folgen wir der Spur. Wir haben in uns eine Art Gen entwickelt, das uns auf den Zug der Marketingmaschinerie aufspringen lässt, und wir beginnen zu kaufen, zu buchen, zu bestellen – stets auf der Suche nach dem Glück. Und weil das Glück ein Vogerl ist, das man weder kaufen noch buchen kann und schon gar nicht als Technik erlernen, bleiben wir immer wieder erfolglos und hungrig nach jenem Bild, das uns zum Abgleich mit uns selbst angeboten wird. Dies alles geschieht in den Tiefen unseres unbewussten Seins.

Doch mit alldem noch nicht genug. In den letzten Jahren hat sich ein Hype entwickelt rund um das fremde Leben und Bilder im Außen. Der Trend des Reality-TV, der Talk- und Castingshows sowie jener der Doku-Soaps bietet einerseits den Menschen die Möglichkeit, ihr eigenes Leben in der Öffentlichkeit auszubreiten, und andererseits dem Publikum die Gelegenheit, am Leben der anderen teilzunehmen. Beide Varianten zeigen sich als Fluchtweg ins Außen. Sich den Emotionen, Problemen und Konflikten anderer zuzuwenden scheint naheliegender, als sich mit dem eigenen Leben zu befassen. Wenn wir Menschen uns im Außen orientieren, bewegen wir uns weg von uns selbst. Dort würden wir zumeist die Aufforderung antreffen, uns mit Ehrlichkeit und der eigenen Wahrheit zu begegnen. In uns wartet das innere Wesen, die Seele, die mit uns kommunizieren will. Sie weiß um unsere Lebensthemen, um unsere anstehenden Lernschritte und Entwicklungsfelder. Allzu oft bedeutet das, dass es im Alltag Kurskorrektur, Veränderung und neues Terrain braucht. Oftmals mahnt auch die Zeit, weil wir allzu lange schon damit beschäftigt sind, uns mit Ausflüchten vor den nächsten Schritten auf unserem Lebensweg zu drücken.

Obgleich wir eine tiefe Sehnsucht nach dem wahren Ich in uns tragen, obgleich wir uns entdecken und wirklich leben wollen, flüchten wir im täglichen Dasein eher vor uns selbst.

Wir wollen gefallen und uns anpassen. Ein eigenes Bild für sich und sein Leben zu entwickeln scheint gefährlich zu sein. Wir denken, dass es einfacher und unkomplizierter ist, wenn wir unser Selbst verdrängen und verstecken. Die Medien erleichtern dieses Entkommen ins Außen. Sie machen uns die Welt via Yellow Press interessant. Wir nehmen lieber Anteil am Leben irgendwelcher Celebritys als am eigenen. Wir freuen uns über royale Hochzeiten und leiden bei zerbrochenen Beziehungen mit. Fremdfühlen scheint einfacher zu sein, als sich selbst zu fühlen. Und ganz nebenbei beginnt auch wieder das Spiel mit den Bildern. Wir idealisieren Fremdbilder als unsere Vorbilder. Wir identifizieren uns mit Fremdbildern als unsere Leitbilder und übernehmen die fremden Werte als Matrix für unser eigenes Glück. Mit der Schönheit von Heidi Klum, dem Glück irgendeiner Prinzessin, dem Reichtum einer vermögenden Erbin und dem Erfolg irgendeines Sportlers ist das Leben bestimmt leichter, glücklicher, wertvoller. Das Leben anderer wird zum Maßstab des eigenen Alltags. Dass man dabei nur den Kürzeren ziehen kann, liegt auf der Hand.

Denn selbst wenn Systeme die Individualität ignorieren, selbst wenn wir unsere Einzigartigkeit vergessen haben – unsere Seele hat es nicht. Sie wird uns erinnern, und sie wird ihre Wege dafür finden. Wieder und wieder und wieder.

Bring die Wahrheit ans Licht

Du möchtest dein Leben mit Licht erhellen – dann betrachte es zuerst einmal bei Licht. Und zwar in Ruhe. Mit diesen Übungen wollen wir immer wieder innehalten und uns besinnen auf das, was ist, und auf das, was sich ändern soll. Auch dich führt dein Leben nicht zufällig zu diesem Buch. Unsere gemeinsame Gedankenreise soll auch in dein Leben

Veränderung bringen. Besinne dich jetzt für einen Moment, und schenke dir die Zeit, um deine inneren Bilder zu betrachten und für dich zu reflektieren.

* Welche Personen dienen dir als Vorbilder?
* Welche Meinungen von welchen Personen sind dir wichtig?
* Was sollen die Menschen von dir denken?
* Gibt es bestimmte Personen, auf die du Rücksicht nimmst und denen zuliebe du deine eigenen Bedürfnisse an dein Leben hintenanstellst?
* Wen bewunderst du? Warum?

Wir sind blockiert durch Opferrolle, Komfortzone und Begrenzungen

Schon als Kind war es mein Wunsch, Schriftstellerin zu werden. Ich wollte Texte und Bücher schreiben. Im Lauf des Erwachsenwerdens hatte ich diesen Wunsch vergessen. Es wird tausend Gründe dafür gegeben haben, warum ich es nicht geworden bin. Aber die Seele vergisst nicht. Auch nicht die Träume der Kindheit. Schon gar nicht deshalb, weil sie es ja war, die diesen Wunsch ins Leben mitgebracht hat. In meinem Fall sollte das Autorin-Sein Teil meines Lebensweges werden. Bewusst war ich mir dessen nicht, sonst wäre ich es anders angegangen. Doch die Seele wählt immer einen Weg, der dem Wachsen und Werden dient. Und so brachte es mein Leben mit sich, dass das Schreiben von Texten immer wieder Bedeutung in meinem Leben bekommen sollte. Ich schrieb leidenschaftlich gerne lange Briefe, notierte viel in meinen Tagebüchern und textete für die Werbung. Mich in Worten auszudrücken war stets eine Passion für mich. Ich erinnerte mich dabei nie an den Wunsch meiner Kindheit. Da war ich blind und tappte im Dunkeln. Ich schrieb einfach. Für mich, für Freunde, für die Familie, die Firma, zu Gelegenheiten. Irgendwann ergab es sich, dass neue Tätigkeiten wie durch wundersame Fügung Einzug in meinen Alltag hielten: Ich gestaltete Online-Seminare und schrieb Texte über Texte. Zu diesem Zeitpunkt war mein Leben schon nicht mehr so dunkel, ich konnte bereits Licht erkennen. Und einige der mir heute selbstverständlich gewordenen Lebensgrundsätze befolgte ich schon damals. So zeigte sich mir in einem Augenblick der Verbundenheit das Bild des kleinen Mädchens, das Jahrzehnte früher keck von sich gegeben hatte: »Ich werde Autorin.« Und ich sprach aus, was mir damals Wunsch war, als heutige Realität: »ICH BIN Autorin.« Mit diesem »ICH BIN« sollte sich ganz viel verändern. Gelegenheiten kamen in mein Leben, die Türen öffneten sich quasi von selbst. Dort Texte für spirituelle Zeitschriften und Magazine, da Gastartikel auf Online-Portalen, dann ein Buch in einem spirituellen Kleinverlag und später mein Buch im Eigenverlag. »Ich bin Autorin.« Allmählich machte ich mir in Insiderkreisen einen Namen. Man kannte mich dort und da. Und auf Veranstaltungen war ich mit den ein oder anderen Verlagsmenschen im Gespräch. Sie zeigten stets Offenheit für eine gemeinsame Arbeit. Mehr von mir war erwünscht. Doch ich war Meisterin darin, mir die Wege offenzuhalten und Unverbindlichkeit zu kreieren. So geschah also nichts. Meine Manuskripte blieben das, was sie waren, Manuskripte. Noch heute füllen sie virtuelle Ordner in meiner virtuellen Ablage. Obwohl schon »wachen Auges« und im lichten Alltag unterwegs, erkannte ich nicht, was geschah: Ich blockierte mich selbst. Und meinen Lebenstraum. Ich ging mir selbst auf den Leim. Erklärungen hatte ich dafür genug, allem voran »die Zeit«. Da war mein alltäglicher Job im Unternehmen meines Mannes, da waren meine Familie

und allerhand andere Ausreden. Alles Mögliche hatte die Ver-
antwortung zu übernehmen, nur ich nicht. Mein Ego war klug
genug, mir stets Bilder zu präsentieren, die mir etwas anderes
vorgaukeln konnten als das, was war: ich in der Rolle des
Opfers, gefangen zwischen Komfortzone und Begrenzungen.

Doch meine Seele wusste es besser. Wie immer eröffnete sie
mir ein Feld der Möglichkeiten. Dabei wurde sie unterstützt
von meiner Persönlichkeit, denn ich bin im Tierkreiszeichen
Löwe geboren und als solche vom Königsplaneten, der Sonne,
regiert. Sie waren die Co-Regisseure in meinem Leben. Dem
sei Dank. Denn sie stehen dafür, dass ich stets das Licht suche,
auch jenes des Scheinwerfers und der Bühne. Dazu braucht es
im Leben immer wieder mein spontanes Ja. Und das spreche
ich auch gerne aus. So kommt es zu Verbindlichkeiten – und
ganz konkret zu diesem Buch, das du hier in Händen hältst.
Beinahe hätte ich es nicht geschafft, es zu schreiben. Obwohl es
»irgendwie« in meinem Kopf war. Obwohl ich die Chance vom
Verlag dazu bekam. Erfreulicherweise hat mein Seelenmagnet
dieses Mal etwas angezogen, das zuvor fehlte: einen Endter-
min. Ich konnte nicht mehr entwischen. Doch es sollte eng wer-
den. Und dafür war ich selbst verantwortlich. Plötzlich gab es
über Wochen und Monate Hürden, die mich allesamt am
Schreiben hindern sollten. Dabei hatte ich eigentlich für Zeit
zum Schreiben gesorgt. Der Terminkalender blieb frei von Kli-
ententerminen, ebenso von Seminaren und Vorträgen – und
dennoch fing ich nicht an. Es war, als wären die Zeiträuber
unterwegs gewesen. Tage vergingen. Ich schrieb viel zu wenig.
Und natürlich ist es nicht schwierig zu erraten, dass diese Zeit-
räuber sich als sämtliche Facetten meines Ichs entlarvten. Ich
war unfrei in meiner Zeit. Ich war gebunden an Muster und
Prägungen, ferngesteuert von Emotionen. Selbst zu einem
Zeitpunkt, da ich doch schon so vieles wusste, so vieles lehrte,

darüber geschrieben hatte, wo ich es besser hätte wissen sollen. Sie hatten mich wieder. All die Begrenzungen. Nur eine Ebene tiefer, ein Level weiter auf der Meisterschaft meines Lebens. Es galt also wieder hinzusehen, wenn es mir ernst damit war, dieses Buch zu schreiben. Ich hatte die Möglichkeit, meiner Seele erneut eine Abfuhr zu präsentieren. Könnte gut sein, dass sie aufgeben würde, mit ihrem Plan für mich. Ich musste mich entweder für das Buch entscheiden oder gegen mich und damit auch gegen mein »Ich bin Autorin«. Wenn ich dieses hier nicht auf die Reihe kriegte, dann würden alle folgenden Bücher bestenfalls im Eigenverlag erscheinen. Die Tür zur Reputation würde sich schließen. Doch ich sprach ein klares und kraftvolles »Ja« für die nächsten Schritte in meiner Entwicklung hin zu mir selbst aus. Diese Erkenntnis zu einem Zeitpunkt, der im Verwirklichungsprozess sehr spät kam, sollte wie ein Katalysator wirken. Ich begann, mich – wieder einmal – zu durchschauen, indem ich bewusst hinsah. Ich nahm mir die Zeit, zu sehen und das Licht der Erleuchtung zu genießen, und ich erkannte, dass es etwas es zu (er)lösen galt. Wieder einmal.

Wir kennen die Situation, dass wir immer wieder in unsere alten Muster zurückfallen. Alte Geschichten wiederholen sich stets aufs Neue, und wir fragen uns, ob wir denn das noch immer nicht erledigt haben? Kann es sein, dass wir noch nicht genug an uns gearbeitet haben? An dieser Stelle hat mich stets das Weltbild unterstützt, dass die Seele das Leben bewusst auswählt. Und damit folge ich der Idee, dass wir nicht nur einmal leben, sondern als Seele mehrere Leben wählen. Mit einem bewussten »Ja« auf Seelenebene zum Leben wählt die Seele auch ihre Motive des Wachstums und Entwickelns. Auch wenn wir alle prinzipiell dem Weg der Persönlichkeitsentwicklung folgen, so gestaltet sich jedes einzelne Leben individuell und unterschiedlich. Jeder hat seine ganz persönliche Geschichte mitgebracht, seine ganz eigene Aufgabenstellung. Diese Themen betten sich ein in die Erfahrungswelt unseres Lebensfilms, und da kommt es eben durchaus vor, dass wir Fortsetzungen geplant haben. Die Weiterführung des Films ist keine Wiederholung, kein »schon wieder«, sondern vielmehr ein tieferes Eintauchen in die weitere Geschichte, ein tieferes Eintauchen in das eigene Selbst und das unbewusste Sein – mit dem Ziel, mehr über sich zu erfahren. Darin offenbart sich mir die einzig schlüssige Erklärung, warum eine Aufgabenstellung scheinbar wiederkommt. Ja scheinbar, denn sie tut es wahrlich nicht. Sie zeigt sich von einer anderen, neuen Seite. Die Dramaturgie ist dabei oftmals eine neue, sogar die Geschichte und die Mitspieler sind anders. Doch das Thema bleibt, weil eben die Seele ihr Wachstum in diesem Feld der Möglichkeiten sieht.

Man kann hier auch ins Spiel bringen, dass »die Geschichte« in einem vorangegangenen Leben noch nicht zu Ende war, man hat sie »wieder mitgebracht«, um sie fortzuführen. Davon hört man immer wieder, und ob es stimmt, weiß ich selbst nicht. Es zu »wissen« mag ich mir nicht anmaßen, ich kann nur erzählen, was ich selbst gelernt habe, was sich für mich gut anfühlt und in meinem Leben ein Schlüssel war.

Wir Menschen ticken heute so, wie die Leistungsgesellschaft es fordert. Wir glauben, dass wir »nicht genug getan haben«, um Erfolg zu haben. Erfolg im Kontext zum Seelenweg würde bedeuten, dass ein Problem gelöst ist. Ich selbst sträube mich dagegen. Denn die Definition »Problem« bringt eine Verantwortlichkeit mit sich und impliziert, dass bei einem Scheitern ein gewünschtes Resultat ausbleibt. Man kann sogar noch einen Schritt weitergehen. Hat man nicht intensiv und ausreichend genug gearbeitet, bleibt der Weg zur

Lösung verschlossen. Das klingt wie eine Strafe. Der Mensch scheint mit dem Lernprozess im Verzug zu sein. Die Prüfung muss er erneut machen.

»Ich muss noch mehr daran arbeiten«, schließt der Mensch daraus. Das »ich muss« macht deutlich: Um Spaß geht es nicht. Das Leben ist schließlich kein Spiel. Wir arbeiten die Erfahrungen und Erkenntnisse ab. Der Anspruch ist, ausreichend zu arbeiten, so viel, dass es genug ist, dass das Problem sich löst. Das »ich muss« ist eine Art künstliches Gefängnis, in das wir uns selbst einschließen. Oft besteht dieses Müssen aus den Erwartungen und Ansprüchen an uns selbst. Erneut denken wir, dass andere etwas von uns erwarten. Doch diese Erwartungs- und Anspruchshaltung versperrt uns den Blick auf Alternativen. Begrenzungen werden aufgestellt. Das Feld der Möglichkeiten reduziert sich. Das ist alles anstrengend und widerspricht damit meinem Verständnis von Leichtigkeit. Und gerade jene ist es doch, die uns in Zeiten wie diesen helfen sollte. Es darf doch eigentlich leicht gehen.

Es gibt einen Mechanismus, der dazu führt, dass wir uns im Kreis drehen. Viele nennen es das Ego. Das ist jener Anteil in uns, der Veränderung ablehnt. Jener Anteil in uns, der dafür zu sorgen weiß, dass alles so bleibt, wie es ist. Das verstehe ich unter der Bezeichnung »Ego«. Ich erlebe es als Kraft, die dem menschlichen Dasein sehr nahe ist. Dort und da kennt bzw. nennt man es auch »inneren Schweinehund«. Der innere Schweinehund hindert uns daran, Tätigkeiten auszuführen, die uns anstrengend vorkommen. Er nützt dazu Willensschwäche und fehlende Selbstdisziplin.

Wenn es nun um die Begrifflichkeiten geht, so nehme ich das Ego nicht als den inneren Schweinehund wahr. Sehr wohl sind die beiden aber ein funktionierendes und aufeinander eingespieltes Team. Während der Schweinehund eher auf der

Ebene des alltäglichen Menschseins wirksam ist, verteidigt das Ego die Ebene der Seele. Wo sie um Entwicklung bemüht ist, blockiert das Ego und will an dem festhalten, was ist. Das Ego ist der Hüter dessen, was vertraut ist. Das Ego ist gegen alles, was neu und unsicher ist. Das Ego hält uns im Bereich des Status quo, damit wir bei dem bleiben, was wir kennen und bereits erfahren haben. Die Wiederholung ist ihm wahrlich lieber als das Experimentelle und Neue. Das Ego blockiert die Bewegung, das Wachstum, den Fortschritt.

Der innere Schweinehund unterstützt es und nützt dazu die menschlichen Schwächen, die Unlust und die Bequemlichkeit. Gemeinsam bieten sie uns die Komfortzone an. Gedanken und Handlungen in der Komfortzone fallen uns leicht, machen oftmals sogar Spaß. Hier gibt es kein Risiko vor Unbekanntem, denn dort kennen wir uns aus. Ego und Schweinehund definieren die Grenzen, und unser Unterbewusstsein kooperiert, indem es sie nicht verlässt.

Charmanterweise könnte man sagen, Menschen sind Gewohnheitstiere. Wir verändern uns in erster Linie nur unter zwei Einflüssen: Schmerz und Freude. Nur diese beiden Faktoren können uns dazu bewegen, unsere Komfortzonen zu verlassen. Sonst sehen wir keinen Grund: Es fehlt die Motivation.

Der Auftrag der Seele lautet Wachstum und Entwicklung und damit Veränderung. Für uns bedeutet das, dass wir uns in dem Augenblick, in dem wir uns verändern möchten, sollen oder müssen, aus der Komfortzone hinauswagen müssen, da Verwandlung nur außerhalb möglich ist. Verstand und Unterbewusstsein arbeiten gegeneinander. Dem einen scheint es schlüssig, das Risiko zu wagen, das andere hält zurück. Dem Wachstum zuliebe, um der Entwicklung und den erforderlichen Schritten nachzuhelfen, ist die Seele mit einer List zur

Stelle, wenn der Mensch selbst dieses eigene Gegenspiel nicht durchschaut: Sie schickt uns die Krise als eine Notwendigkeit. Eine Not, die eine Wende bringt und damit den Antrieb dazu, die Komfortzone zu verlassen. Wir erleben das im Alltag durch Krankheit oder andere Schicksalsschläge.

Doch ebenso trickreich wie die Seele sind auch das Ego und der innere Schweinehund. Sie schicken die Opferrolle ins Spiel. Dies ist eine Rolle, die uns sehr vertraut ist – in vielen Facetten. Einerseits vom Leben selbst, denn wir haben im Alltäglichen gelernt, Auswege zu suchen und sie mit Erklärungen zu begründen: den Ausreden. Die Wahrhaftigkeit liegt im Wort selbst: Mit den Rechtfertigungen und Argumentationen möchte man erklären, warum man sich (oder dem anderen) »etwas ausredet« – eine Möglichkeit, die sich zeigt, ablehnt und ausschlägt. Weil »man nicht kann«, »nicht darf« oder weil »etwas nicht möglich ist«. »Ausrede verlass' mich nicht« – so lautet ein volkstümliches Sprichwort, und es begleitet nicht nur viele von uns, sondern wirkt vor allem ganz subtil als Prägung dem Weg der Veränderung entgegen. Ausreden machen uns unfrei, binden uns an gegebene Situationen, entmachten uns.

Finden wir uns in einer Situation, in der wir ganz besonders die Ausreden gebrauchen, sollten wir wachsam sein und erst recht ein »Ja« wagen, hinaus aus der Komfortzone, hinein ins Unbekannte.

Die Opferrolle kennen wir aber auch aus anderen Zeiten: Über Generationen hinweg erschufen wir uns oftmals Konstellationen, in denen äußere Umstände von Gesellschaft und Politik zu verhindern wussten, was dem Menschen ein individuelles Anliegen war. In jenen Zeiten war bloßes Überleben häufig die einzige Möglichkeit und jegliches Verhalten an dieses Erfordernis angepasst. Dies ist verantwortlich für eine tiefe Prägung: »Ich kann nicht«, »Ich darf nicht«, »Es ist nicht erlaubt«. Die Definitionen dazu waren vorgegeben, ein freies Recht auf Bestimmung für das Individuelle war nicht vorhanden. Eine Überschreitung dieser Regel war in vielen Zeiten lebensbedrohlich. So hat sich der Mensch ein ihm heute zumeist unbewusstes Verhaltensmuster angelegt, dem er noch immer folgt. Allzu oft stoppen wir vor der inneren Barriere, weil wir meinen, es ginge nicht weiter. Das Unterbewusstsein liefert uns dieses Handlungsmuster, ohne Erklärung. Würden wir die Erklärung kennen, dann wäre auch ein Voranschreiten möglich.

Stattdessen finden wir uns wieder in der Opferrolle und nähren sie zusätzlich, indem wir uns Gedankenmustern wie »Ich habe es nicht verdient« und »Es soll nicht sein« bedienen. Wir sehen nicht, dass dies nur vorangelegte Muster und Prägungen sind, die hier als Blockaden wirken.

Ergänzen möchte ich diese Ausführungen noch um eine sehr subtile Variante unseres Unterbewusstseins für die Opferrolle. Denn nicht immer ist sie mit einem formulierten »Es ist nicht möglich« oder »Ich kann nicht« zu durchschauen. So manch ein Bewusstsein ist dazu zu wach. Deshalb gibt es noch die Variante »später« mit der entsprechenden Erklärung dazu: »Später, wenn die Kinder groß sind«, »Später, wenn ich dann in Rente bin«, »Später, wenn das Wetter besser ist«, »Später, wenn ich mehr Kraft habe«. Diese Begründungen liefern eine scheinbar gute Erklärung, warum der jetzige Zeitpunkt noch nicht der richtige ist, und bestätigen die Absicht, sich auf die Veränderung einzulassen – später, wenn die Voraussetzungen besser sind. Die Erfahrung zeigt, dass gerade solche »Später-Künstler« stets ein weiteres »später« parat haben. Ich weiß, wovon ich schreibe, denn ich gehöre selbst dazu.

Wann immer wir unserem System eine Blockade erlauben, müssen wir uns im Klaren darüber sein, dass wir uns selbst damit ein »Weniger« zugestehen. In erster Linie weniger vom Lebensglück und in zweiter Linie auch weniger Energie für uns selbst und für unser Leben. Dies wird deutlich aus der umgekehrten Erklärung. Wann immer wir eine innere Blockade lösen, öffnen wir uns dem »Mehr« – es wird Energie frei. Wir übergeben diese Blockade an die Transformation, und aus ihr selbst wird neue Energie, eine zusätzliche Kraft und Qualität, die uns für das Leben zur Verfügung steht. Und damit für mehr Glück und Licht.

Dazu ergänzend nun zurück zum Beispiel aus der vorangehend erzählten Geschichte des Buchschreibens: Unter anderem wirkte in meinem Fall die Blockade der Unsicherheit. Sie stellte sich dem Schreiben in den Weg und minderte meine Lebensenergie. Ich fühlte mich zögerlich und kraftlos. Mit dem Erkennen der Blockade war ich bereit, den Schritt ins unbekannte Land zu tun, ich war bereit für eine neue Erfahrung und öffnete die inneren Schranken der Unsicherheit. Damit wurde Energie frei, Kraft und Kreativität sorgten dafür, dass ich mich lebendiger fühlte. Die Unsicherheit durfte sich transformieren und steht mir nun zusätzlich als Energie der Sicherheit zur Verfügung. Allesamt dient mir dieses »mehr« nun für den weiteren Weg hin zu mir selbst, in die Tiefe und in das Hell des Lebens. Denn wer weiß schon, was das neue Buch an Möglichkeiten und Veränderungen mit in mein Leben bringen mag. Mit meinem Tun öffne ich auch das Feld der Anziehungskraft.

Die Schattenseiten auf dem Weg zum Licht

Die Seele sucht eine Möglichkeit, das wahrhaftige Selbst Ausdruck finden zu lassen. Es möchte gelebt werden. Auf dem Weg dahin warten die »Hausaufgaben«, die erledigt werden wollen. Und hier zeigt sich oft ein Schattenaspekt, dessen Ursache ein hinderliches Blockadeprogramm ist. Anstatt das eigene Selbst »einfach« zu leben, den Mut dazu zu haben, »verliert« so mancher sich zu leicht in der niemals endenden Suche nach Heilung. Dort läuft ein Prozess, da kündigt sich schon ein weiterer an. Überall locken die Angebote aus dem weiten Feld des Konsums. Spirit-Junkies blähen sich auf. Das Leben scheint aus nichts mehr anderem zu bestehen als aus Releasings, Sitzungen, Lesungen. Das ganz normale Leben mit Fußball, Kaffeehaus, Nagellack und Friseurbesuch wirkt ablehnungswürdig. Viele wenden sich von diesem Leben ab. So mancher kündigt alles darin: Job, Partnerschaft, Freunde – um sich dann oftmals in einem neuen Desaster zu finden. Das Leiden bleibt dasselbe, die Themen kommen wieder. Als Mensch Spiritualität ins Leben zu integrieren bedeutet nicht, das alte Leben aufgeben zu müssen. Dort und da eine Ergänzung, hier und da vielleicht ein Richtungswechsel. Beides darf sein, gleichwertig.

Bring die Wahrheit ans Licht

Du möchtest dein Leben mit Licht erhellen – dann betrachte es zuerst einmal bei Licht. Und zwar in Ruhe. Mit diesen Übungen wollen wir immer wieder innehalten und uns besinnen auf das, was ist, und auf das, was sich ändern soll. Auch dich führt dein Leben nicht zufällig zu diesem Buch. Unsere gemeinsame Gedankenreise soll auch in dein Leben Veränderung bringen. Besinne dich jetzt für einen Moment, und schenke dir die Zeit, um die Welt deiner Komfortzonen und Blockaden für dich zu reflektieren.

- In welchen Situationen würdest du dir Veränderung wünschen?

- Gäbe es die Möglichkeit, frei von deinem Verstand zu entscheiden, was würdest du in deinem Leben ändern?

- Welche »guten Begründungen« findest du dafür, dass Veränderung jetzt nicht möglich ist?
- Gibt es bestimmte Personen, auf die du Rücksicht nimmst und derentwegen du auf Veränderung verzichtest?
- Warum?
- Gibt es »Später«-Erklärungen in deinem Leben?

Dem Licht entgegen

Immer mehr Menschen machen die Erfahrung, dass sich ihre Rolle in der Gesellschaft, in der Familie und in Bezug auf ihre eigene Person verändert. Es scheint, als ob ihre früheren Rollen, Werte und Beziehungen nicht länger gültig seien. Die Menschen hinterfragen den Zweck ihres Daseins und alles, was einst Bedeutung für sie hatte.

Wir leben in einer Zeit des Übergangs, einer Zeit großer Veränderungen. Ein neues Bewusstsein möchte sich auf dem Planeten festigen. Es handelt sich dabei um die Erkenntnis um das Wissen der Einheit, jenes fern der Trennung. Jenes fern der Dualität. Ein Bewusstsein, in dem Gegensätze und Unterschiedlichkeiten gleichwertig miteinander existieren dürfen. Es wartet darauf, ins kollektive Bewusstsein zu gelangen und von den Menschen gelebt zu werden. Diese Denkweise betont nicht die Gegensätze, sondern die Verbundenheit. Darin offenbart sich ein neuer Weg. Zwischen Geist und Materie, zwischen Innen und Außen wird nicht mehr getrennt, sondern Einheit und Verbundenheit werden angestrebt. Dieses Bewusstsein ist unsere Zukunft.

Wollen wir für diese Zukunft lernen, sind unsere gewohnten Denkmuster und Verhaltensweisen hinderlich. Wir können nicht das Alte weiter(be)leben und uns auf Vertrautes stützen, sondern es braucht in allen Bereichen unseres Lebens den Mut für das Neue. Dazu müssen wir zunächst die Unsicherheit und das Nichtwissen aushalten. Gelingt es uns dabei, offen zu bleiben und die Veränderungen bewusst wahrzunehmen, können wir ein neues Verständnis entwickeln und lernen, kreative und zukunftsorientierte Möglichkeiten in unseren Alltag zu bringen: mehr Licht ins Leben.

Ich habe erfahren, dass das Leben ein perfekter Lehrer ist, denn es bietet mir genau die Lektion, die an der Reihe ist, in exakt dem Tempo, das meine Seele vorgibt. Und dabei immer mit großer Rücksichtnahme auf mich selbst. Wir dürfen vertrauen. Es geschieht nichts, was nicht geschehen darf, was uns überfordern würde. Oder andersrum ausgedrückt, für alles, was geschieht, haben wir auch die Kraft, es zu bewältigen. Jeder Prozess, der ansteht, ist so angelegt, dass wir auch hindurchgehen können. Hätten wir die Kraft nicht, hätten wir die Begleitung nicht, die Unterstützung nicht – es würde nicht geschehen. Es ist oftmals einzig und allein unser kontrollierender Verstand, der meint, in die Geschehnisse eingreifen zu müssen, und dann macht er es damit meist nur schlimmer.

Das Leben fordert uns auf, uns ganz auf es einzulassen: auf das Fühlen, das Mensch-Sein. Das Leben selbst ist der direkteste Weg, denn es gibt keine Abkürzungen, es gibt keinen Hinterausgang mittels Techniken, durch die man sich hinausmeditieren könnte – der einzige Weg führt mitten hindurch. Das Leben ist genau die Erfahrung, die unsere Seele zur Heilung braucht – deshalb sind wir hier. Alle Widerstände, alle Fluchttendenzen und alle Anhaftungen sind genau die Wunden, die es zu heilen gilt, um wieder ganz zu werden, Heilung zu erfahren – Licht zu sehen und das Leben hell zu machen.

Das neue Land entdecken

»Ich hab keine Lust mehr auf dieses Leben.« Plötzlich ist er da, dieser Satz. Ausgesprochen. Ausgebreitet von mir für mich. In einem Gespräch mit meiner Freundin. Mit großen Augen sieht sie mich an. Meine Worte überraschen sie ebenso wie mich. Die letzte Stunde war sie liebevolle Zuhörerin. Wieder einmal hab ich ihr mein Herz ausgeschüttet und meinen emotionalen Mülleimer geleert. Die Anstrengung mit der Familie. Pubertierende Kinder, unnötige Schulprobleme und die Diskussionen mit dem Ehemann. Ich fühle mich alleingelassen, überfordert und vom Leben irgendwie ungerecht behandelt. Das Leben der anderen ist so viel einfacher. Deren Kinder streiten nicht mit der Mathematiklehrerin, deren Ehemann übernimmt die Schulagenden von Biologie, Physik und Chemie, und ihr Berufsleben gestaltet sich auch einfacher. Was habe ich getan, wann habe ich die falsche Entscheidung getroffen, wozu habe ich Ja gesagt, dass mein Leben nun so verläuft? Warum, weshalb, wieso? An Fragen bin ich nie verlegen. Um Antworten schon. Meine Freundin hört mir geduldig zu. Ich sage ihr, dass es mir nicht gut geht. Wie satt ich das alles habe. Dass es so nicht weitergehen kann. Dass sich die Tage des Alltags endlos wiederholen. Selbiges Mühsal immer wieder. Und ich zähle zig Namen auf, von all den Personen, die in mein Drama des Lebens involviert sind: Ehemann, Exmann, Arbeitskollegen, Kunden, Lehrer, Freunde, Nachbarn. Die Welt hat sich gegen mich verschworen und will mir mein Leben so richtig vermiesen. Das macht keinen Spaß. Die Probleme hängen in einer Endlosschlaufe. Zwischendrin läuft's zwar manchmal gar nicht schlecht, aber das ist letztlich eine Fata Morgana. Kaum kommt man mit der Lebenskarawane dort an und breitet sich mit einem genüsslichen Lebensgefühl aus, zeigt sich eine andere

Wirklichkeit. Mühselig, anstrengend, strapaziös, beschwerlich und nervenaufreibend. Mein Leben läuft nicht rund, zwar auch nicht schief, aber eben nicht in der richtigen Bahn. Ich mache Zugeständnisse hier, ich nehme Rücksicht da, übe mich in Diplomatie und Bescheidenheit. Bloß nicht zu viele Ansprüche ans Leben stellen und schön brav die eigenen Bedürfnisse hintenanreihen, sie in der Warteposition verharren lassen, vielleicht haben sie ja Glück und kommen irgendwann dran. Wenn nicht, dann eben nicht. Die Nachwelt wird mich als aufopfernd, liebevoll, fleißig und bescheiden in Erinnerung behalten. »Ich hab keine Lust mehr auf dieses Leben«, das scheint die Quintessenz zu sein. In mir ist so viel aufgestaut, dass es mir reicht. Aber immer nur bei meiner Freundin zu jammern ändert natürlich nichts. Im Gegenteil: Auf eine ganz spezielle Art und Weise nähre ich sogar mein emotionales Schmerzfeld, indem ich wieder und wieder und wieder eintauche in den Frust des Alltags. Ich ändere nichts, ich suhle mich in der Opferrolle und bleibe in der Komfortzone. »Ich hab keine Lust mehr auf dieses Leben«, noch einmal spreche ich ihn laut aus, diesen Satz. »Aber was willst du tun?«, fragt sie mich und meint damit mein alltägliches Umfeld, meine Familie, den Partner, die Kinder, und sie erinnert mich daran, dass ich irgendwann im Leben dazu Ja gesagt habe und nun in der Verantwortung dazu stehe. Es fühlt sich allerdings eher so an, als sei ich in dieser Verantwortung gefangen. Die Fragezeichen in ihren Augen verraten mir, dass sie fürchtet, ich würde mein Leben komplett umkrempeln. Ja, das habe ich vor. Ich ändere mein Leben. Es soll anders werden. Ich will wieder Lust auf mein Leben haben, auf meins – meins – meins. Und ich erinnere mich an das, was mir meine spirituelle Lehrerin vor Jahren zu vermitteln versuchte: »Du kannst die anderen nicht ändern. Ändere dich – und mit dir werden sich die andern ändern und mit ihnen dein Leben.«

Ich erzähle meiner Freundin von dieser Vision, die eben in mir erwacht ist. Ja, ich ändere mich und damit mein Leben. Ihr Blick ist liebevoll, aber fragend, sie hat keine Idee, wie das gehen soll. Ich auch nicht. Aber ich spüre eine Kraft in mir, da ist Aufbruchsstimmung, da ist freudige Erregung, wie vor einer Urlaubsreise. Ja, ich mach mich auf den Weg. Nicht in den Urlaub, sondern in mein Leben. Dem Licht entgegen.

Bewusstes Sein als Schlüssel

Der Entschluss stand also fest. Es war die Seele, die mich rief. Mein Leben sollte sich ändern. Ich wünschte mir mehr Licht, die Dunkelheit sollte weichen. Ich wollte mein Leben nicht länger blind leben, sondern sagte »Ja« zum sehenden Leben. Es durfte hell werden, damit ich die Dinge durchschauen konnte. Zu diesem Zeitpunkt hatte ich mein Weltbild schon geöffnet. Bücher, Seminare und Meditationsabende hatten ihren Platz in meinem Leben. Allerdings waren das noch Möglichkeiten, die ich noch nicht miteinander in Verbindung bringen konnte. Spiritualität erschien mir wie ein Spiel für Erwachsene, Lifestyle für ein modernes Leben. Doch wie sollte ich sie nutzen und tatsächlich etwas verändern?

Es war für mich nicht schwierig, meine alten Vorstellungen, die ich aus Kindheit, Klosterschule und Internatszeit mitgebracht hatte, loszulassen. Ein endliches Leben, einmal und zufällig, erschien mir wenig schlussig. Ein lernendes Wachsen eines unendlichen Daseins schon viel mehr.

Mutig nahm ich die Idee auf, dass mein Leben einen Sinn hatte und die Seele sich für ein lernendes Werden entschieden hatte. Mit der Idee von Inkarnation und Wiedergeburt konnte ich mich anfreunden, und zugleich löste ich mich vom

Gedanken, dass das Leben »eben Schicksal ist«, auf das ich keinen Einfluss hatte. In jenem Augenblick und mit dem Satz »Ich hab keine Lust mehr auf dieses Leben« gestand ich mir zu, von nun an die aktive Gestalterin und Schöpferin in meinem Leben zu sein. Ich wollte agieren, statt zu reagieren. Rückblickend gesehen sollten mir exakt diese beiden Worte über lange Zeit den Weg weisen. Ich hatte viele Jahre lang nur auf das Leben reagiert, man könnte auch dazu das Wort »Schadensbehebung« gebrauchen. Ich war stets mit den Auswirkungen auf mein Leben beschäftigt – im Reparaturmodus. In erster Linie hinsichtlich meines Körpers. Sehr wohl hat meine Seele mit mir kommuniziert, das erkenne ich heute, doch hingehört habe ich nur sehr selten. Und es geschah, was geschehen musste. Meine Seele machte mit Körpersymptomen auf sich aufmerksam. Krankheit, Erschöpfung und fehlende Vitalität waren oft meine Begleiter. Dass Krankheiten dem Bewusstsein ungelöste Konflikte übermitteln und es darum ging, ihre Bedeutung zu entschlüsseln, um Botschaften zu erkennen – diesem gedanklichen Konzept konnte ich mich endlich öffnen. Doch im Vorfeld für mich zu sorgen? Wie sollte ich mein Leben gestalten, dass die Seele es nicht mehr als erforderlich ansah, über den Weg der Krankheit mit mir zu kommunizieren? Es musste doch auch den direkten Weg geben, die Botschaft der Seele zu hören, noch ehe es die Krankheit als Verstärker brauchte. Auf die Krankheit als Botschaft, die der Mensch entschlüsseln muss, darauf wollte ich verzichten.

»Aber wie hast du es geschafft, dass dein Leben sich geändert hat?« Ich saß bei meiner Cousine im Wohnzimmer und wollte ihr mit meiner Geschichte Zuspruch schenken, Mut machen. In ihrer aktuellen Situation kämpfte sie mit all den großen und

kleinen Dramen des Alltags, die ihr das Leben scheinbar so beschwerlich machten. Ihre Geschichte hätte meine sein können und die jedes anderen auch. Manchmal meint man, das Leben sei nur von Mühsal und Schwierigkeiten geprägt. Die Nächte sind durchwacht, Schlaf muss den quälenden Gedanken darüber weichen, wozu das Leben dienen soll und wie man für die Herausforderungen Lösungen findet. Steckt man erst mal in der Spirale, dann geht es nur abwärts: immer weniger Lebensfreude, immer weniger Lebenslust, immer weniger Licht. Ich wollte meine Cousine dazu motivieren, endlich die Opferrolle zu verlassen, ihr Leben neu auszurichten, und habe ihr davon erzählt, dass ich meinen Alltag heute völlig neu definiere. Dass ich es wahrnehme im Kontext zum Spannungsbogen meiner Lebensgeschichte, dass die Alltagserlebnisse Teil des Lernens sind. »Wie hast du damit begonnen?«, fragt sie mich. »Weißt du, irgendwann war mein Leidensdruck einfach zu groß, und ich hatte es satt, ständig zu jammern. Und wie es der ›Zufall‹ wollte, war in meinem Freundeskreis zur richtigen Zeit die richtige Person zur Stelle. Heute weiß ich, dass es kein Zufall war. Aber jene Freundin hat mir in Gesprächen vermittelt, dass ich viel mehr aus meinem Leben machen konnte, wenn ich nur wollte. Und damals erinnerte ich mich, dass etliche Jahre zuvor schon jemand anderer das Gleiche zu mir gesagt und darüber hinaus sogar erklärt hatte, dass ich ganz viele Möglichkeiten in mir hätte, die ich nicht nutzen würde. Nur war ich damals noch nicht so weit. Der Druck war wohl nicht groß genug.« Meine Cousine wollte mehr wissen. »Von welchen Möglichkeiten sprichst du?« »Vor mehr als 20 Jahren schon meinte ein Freund, dass ich Fähigkeiten nützen könnte, um zur Anderswelt Zugang zu bekommen. Er erklärte mir viel über Aura, Energie, Wesenheiten, unsichtbare und mit dem Verstand nicht erklärbare Welten. Damals war ich nicht bereit dafür und hatte die

Befürchtung, mit einer sektenähnlichen Organisation in Berüh-
rung zu kommen.« »Und, bist du?«, meine Cousine wollte es
genauer wissen. »Nein, natürlich nicht.« Heute muss ich selbst
darüber lachen, und ich erzählte weiter: »Als mir dann diese
Freundin Jahre später dasselbe sagte, war ich einfach neugierig.
Gemeinsam mit ihr besuchte ich Vorträge und Seminare, las
eine Vielzahl von Büchern und begann regelmäßig an Medita-
tionsgruppen teilzunehmen. Ab da ging es schnell. Es war, als
hätte ich einfach nur einen anderen Raum in mir geöffnet, alles
war da. Meditationen fühlten sich vertraut an und waren mir
bald wertvolle Unterstützung für den Alltag.« »Ja, aber wie
hast du es getan?« Ich spürte, ich erreichte meine Cousine noch
nicht. Es ist auch wirklich nicht einfach zu erklären. »Weißt du,
letztlich waren es ein paar spezielle Momente, dort ein Seminar,
da eine Information, hier ein wertvolles Buch. Es hat ein paar
Mal Klick gemacht, und ich begann mich anders mit dem Le-
ben auseinanderzusetzen. Und ab diesem Zeitpunkt schien das
Feld der Möglichkeiten sich zu offenbaren. Rituale, die ich
kennenlernte, schienen mir vertraut. Wissensfelder, die sich mir
offenbarten, auch. So, als hätte ich es schon längst in mir an-
gelegt und gut vor mir selbst verschlossen gehalten. Ich hatte
immer schon eine ausgeprägte Wahrnehmung für Energien in
Räumen oder um Menschen. Oft hatte ich schon Farbfelder um
Menschen und Pflanzen gesehen. Mir war damals einfach nicht
klar, was das war, und ich erfuhr erst später, dass dies die Aura
und die Energiefelder sind. Dasselbe gilt für Botschaften und
Unterstützung von Engeln und Spirits. Ich dachte immer, es
handle sich dabei einfach um meine Gedanken. Doch langsam
erkannte ich, dass dies nicht alles von mir kam. Und so konnte
ich gar nicht anders, als mir endlich andere Schuhe für meinen
Lebensweg anzuziehen.« »Und die neuen Schuhe waren Me-
ditationen und Seminare?«, fragte sie mich. »Im Prinzip ja.

Weißt du, mein Wille, mein Leben zu ändern, war so groß geworden, dass ich gar nicht mehr anders konnte, als nach Möglichkeiten zu suchen, wie ich dem Leben anders begegnen konnte. Und du kennst mich ja, wenn ich was will – dann kann ich sehr konsequent sein. Mit Meditation hab ich täglich meinen Tag begonnen. Entstanden Situationen, die mir das Leben scheinbar schwer und düster machten, hab ich reflektiert. Konnte ich selbst keine Antwort finden, hab ich mir Unterstützung geholt, Wissen angeeignet. Und letztlich war es ein stetes Üben, die anderen Dimensionen des Möglichen mit in das alltägliche Leben einzubeziehen. Ich hörte nie auf, nach neuen Wegen zu suchen.« »Und letztlich die anderen Wege auch zu gehen«, antwortete mir meine Cousine, und ihre Augen zeigten mir die Ahnung, die sie nun erreichte. »Deshalb bist du anders, sprichst von anderen Dingen und verhältst dich in Situationen nicht so wie andere Menschen«, sagte sie. »Aber war das nicht mühsam? Ging es dir dabei nicht auch so, dass du plötzlich alleine unterwegs warst?« Ich erkannte, dass ihre Fragen über mich eigentlich ihr selbst galten. Dahinter stand ihre Angst vor der Veränderung, vor dem Verlust von Freunden und den Diskussionen zu Hause. Ich erinnerte mich gut an dieses Gefühl. So erzählte ich weiter: »Oh ja. Meine Wege waren für meine Freunde und meinen Mann auch neu. Mein Mann war bemüht, mich auf dem alten Weg zu halten. Den kannte er, und da wusste er, wie ich mich darauf bewegte. Doch er ahnte, dass mit dem neuen Weg Veränderung ins Leben kommen sollte. Davor hatte er zunächst Angst, und er wollte die alte Daniela nicht verlieren. Mit den Freunden war es ähnlich. Für sie war es suspekt, das Unbekannte, das ich da plötzlich vor ihnen ausbreitete. Nicht wenige zogen sich von mir zurück, und etliche haben hinter meinem Rücken über mich gesprochen, nicht immer nett.« »Und all das hat dir nichts ausgemacht?« – »Oh doch.

Mit meinem Mann gab es immer wieder Streit. Ich glaubte, mich durchsetzen zu müssen, ihn überzeugen müssen. Doch ich erkannte, dass ich damit nicht ans Ziel kam. Mein innerer Wunsch nach einem anderen, leichteren Leben war so stark, dass ich nicht aufgeben wollte, dass ich meinen Weg weitergehen wollte. Ich schenkte meinem Mann die Toleranz, dass er so bleiben konnte, wie er war. Und ich begann mit meinen Themen bei mir zu bleiben. Ich ließ von den Diskussionen ab und hörte mit dem Überzeugenwollen auf. Und ich suchte immer wieder die Brücke, damit mein Mann und ich das Miteinander weiter pflegten. Zugleich war es möglich, dass ich mein Leben neu gestaltete.« »Das heißt, du musstest dich nicht entscheiden zwischen deinem alten und neuen Leben?«, meine Cousine schien innerlich aufzuatmen, eine ihrer Ängste löste sich. »Nein, wenn du deinem Leben mehr spirituellen Inhalt geben willst, dann brauchst du weder deinen Mann zu verlassen noch den Job zu kündigen – alles kann bleiben, wie es ist. Die Ausrichtung ist eine innere, und Veränderung beginnt IN dir. Und damit verändert sich dein Zugang zum Leben. Deine Wahrnehmung des Geschehens wird eine andere, auch wenn im Außen alles bleibt, wie es war.« Die Augen meiner Cousine strahlten. Und ich spürte innere Freude. Vielleicht hatte ich ihr aufgezeigt, dass sie ihr Leben ändern konnte. »Aber dauert es nicht ewig, bis sich das ändert?«, fragte sie mich. »Es war ein Weg der vielen Schritte, ich habe kennengelernt, erfahren, gezweifelt, geübt und bin stets drangeblieben. Ich bin überzeugt: Es liegt noch immer ein ordentliches Stück Weg vor mir. Es ist ein ständiges Begegnen, Kennenlernen, Werdenwollen«, antwortete ich ihr. Meine Cousine umarmte mich, und ich spürte ihre Tränen auf meiner Wange. Offensichtlich hatte es bei ihr auch einmal Klick gemacht.

Meine Gedanken führten mich immer wieder zu jenem Punkt zurück, dass der Schlüssel im »bewussten Sein« geborgen liegt. Das Leben, das viele von uns führen, ist jedoch vielmehr ein unbewusstes Treibenlassen. Wir »sind« einfach nur viel zu oft während unseres Alltags, ohne innerlich mit unserer Seelenebene verbunden zu sein, und damit fehlt die wirkliche Präsenz im Augenblick. Dies soll bedeuten, dass es im Alltag eine achtsame Haltung gegenüber den Gedanken, Situationen und Personen braucht, stets und immerzu. Als wertvoller Kompass dienen dazu unsere Emotionen. Sind wir emotional neutral, dann verstricken wir uns nicht in die Ereignisse. Sind wir emotional nicht neutral, dann verstricken wir uns. Und wie das Wort »Strick« schon sagt, bindet uns etwas und macht uns unfrei. Wenn wir zum Beispiel Frustration zulassen, verlieren wir Energie. Dasselbe gilt, wenn wir Widerstände wahrnehmen und trotzdem dagegen handeln. Es kostet uns Energie, wenn wir wütend sind, wenn wir in Stress geraten oder uns Unsicherheit und Angst blockieren. Und diese Energie, die wir hier unnötig verbrauchen oder zusätzlich aufwenden, fehlt uns an anderer Stelle. Der Aufwand macht uns müde. Der Energielevel sinkt, und wir fühlen Lustlosigkeit, fehlende Lebensfreude, Schwere oder Dunkelheit.

Kurzanleitung für bewusstes Wahrnehmen

Spirituelle Praktiken im Alltag müssen für mich ohne viel Aufwand durchführbar sein. Deshalb wirkt so manche Anleitung hier »ganz einfach«. Aber das Leben und meine Erfahrungen in der Arbeit mit den Menschen haben mir gezeigt: je einfacher, umso wirksamer.

Wenn ich vor einer Herausforderung stehe oder mich in einer Situation befinde, die mich emotional berührt, dann halte ich inne. Und damit meine ich genau das: einen Stopp.

Ein einfacher Trick, der mir stets geholfen hat, ist, in die Rolle des Beobachters zu schlüpfen und zu beschreiben, was passiert. Zum Beispiel: »Ein Ehepaar steht in der Küche und streitet. Die Frau hat sich über die fehlende Beachtung des Mannes geärgert. Sie wünscht sich mehr Dankbarkeit und Aufmerksamkeit für all das, was sie tut. Der Mann ist ratlos, er versteht gar nicht, woher die ganze Aufregung kommt.« Mit diesem beobachtenden Betrachten nehme ich mich aus der Situation heraus. (1. Schritt). Dann wende ich mich mir zu, also im Beispiel der Frau, bleibe aber in der Situation des Beobachters und beschreibe, wie die Frau sich fühlt. »Die Frau ist so wütend und zugleich traurig. Ihr ist, als ob niemand sähe, welche Bedürfnisse sie hat. Hier erstelle ich wahrlich eine lange Liste, ich beschreibe die Frau, bis ich tatsächlich nichts mehr fühle und ich denke: Alles ist gesagt. Ich empfehle diesen Schritt schriftlich zu machen, vor allem dann, wenn man sich das erste Mal in dieser Weise einem Thema nähert. (2. Schritt). Dann betrachte ich die Emotionen und nehme bewusst wahr, was ihr nicht guttut und ihre Lebensenergie blockiert. Im Beispiel sind es Wut, Traurigkeit, Selbstzweifel. Diese Emotionen transformiere ich. Dazu bieten sich verschiedenste Techniken aus dem ganzheitlichen Zugang an. Es hat für mich nur sekundäre Bedeutung, mit welcher Technik der Energie- und Lichtarbeit oder welchem Hilfsmittel man sich Leichtigkeit verschafft. Da ist das Buffet der Möglichkeiten vielfältig, bunt und reich gedeckt.

Man mag an dieser Stelle fragen, ob man sich auch in die beteiligten Personen versetzt. Prinzipiell ist das möglich, und es mag hilfreich sein, um aus der Situation mehr Information zu erhalten. Dennoch ist und bleibt der Ansatzpunkt bei mir selbst. Denn es geht ja darum, dass ICH mich ändere.

Jeder Mensch ist von einem feinstofflichen Feld umgeben. Es wirkt magnetisch wie ein Anziehungsfeld. Es macht uns attraktiv (und anziehend). Wenn wir in unserem Handeln und Erleben allerdings zu unbewusst agieren oder zu sehr von negativen Qualitäten eingenommen werden, sodass wir zum Beispiel voller Pessimismus oder Sorgen sind, dann deaktivieren wir das anziehende Feld für das Positive und wirken magnetisch auf das, was uns bestimmt. Gehen wir nicht aktiv an diese Situation heran, sondern täuschen wir uns mit Sabotageprogrammen und geben uns womöglich »zufrieden«, dann erleben wir, dass wir sogar noch mehr von jenen Situationen anziehen, die wir bereits haben, die uns unzufrieden machen und welche wir als frustrierend empfinden. So können wir erkennen, dass wir selbst die Veränderungen blockieren, die die Seele uns als Möglichkeiten und Herausforderungen zuspielt.

Für den Weg des lernenden Werdens braucht es die bewusste Wahrnehmung dessen, was mit uns geschieht. »Wahr«-nehmen, im wahrsten Sinne des Wortes. Fehlt diese, ist man in einer unbewussten Haltung. Unbewusst bedeutet ohne Wissen. Diese Wortspielereien offenbaren tatsächlich so manche Ebene, die sich uns zeigen will. Sie führen uns auf die Fährte des Wissens und Ahnens.

An dieser Stelle möchte ich auf die Kraft des Unterbewusstseins hinweisen. So manchem ist vermutlich das Modell des Eisbergs bekannt: Nur zehn Prozent des Eisberges sind an der Wasseroberfläche sichtbar. Diese stellen die Bewusstseinsebene dar. Der überwiegende Teil befindet sich jedoch unterhalb der Wasseroberfläche und ist mit dem Unterbewusstsein vergleichbar. Vieles an Informationen und Erlebtem, all das, was wir aufgenommen haben, alle Gefühle, Gedanken, alle Erlebnisse und Erfahrungen, die wir im Lauf des Lebens

gesammelt haben, sind in unserem Unterbewusstsein abge-
speichert. Von dort werden wir auch gesteuert, viele unserer
Verhaltensmuster und Prägungen starten hier. Leider aber
ohne dass wir uns der Ursachen und Mechanismen bewusst
sind.

Kopfmenschen, so wie ich es lange ausschließlich war, glauben, das Leben sei vom Verstand aus zu kontrollieren, also
von den 10 %. Hier offenbart sich schon das Dilemma, denn
wer kontrolliert denn dann die anderen 90 %? Richtig, sie
verhalten sich wie ein selbststeuernder Organismus, gegen
den wir eigentlich nur verlieren können. Die andere Seite ist
in der Übermacht. So kann der einzige Weg nur dahin führen,
dass wir mehr und mehr Aspekte aus dem unterbewussten
Speicher in die Ebene des bewussten Seins integrieren, damit
wir all der Möglichkeiten gewahr werden, die auf unser Leben
Einfluss nehmen.

Der Weg ins Unterbewusstsein scheint trickreich zu sein.
Wie kommen wir also dahin? Denn einerseits verfügt das Bewusstsein offensichtlich nicht über ausreichend Wissen, und
andererseits weiß das innere Blockadesystem entsprechend
zu agieren. Es will ja keine Veränderung, und das bedeutet,
dass die unterbewusste Ebene geschützt werden muss. Mit
Bewusstsein folgt Veränderung. Veränderung ist im Plan des
Egos nicht vorgesehen.

Hier offenbaren sich die ersten Kontrahenten. Bewusstsein
und Wissen gegen das unbewusste Feld. Von meinem Charakter her bin ich sehr selbstbewusst, habe klare Ideen und Vorstellungen davon, wie ich meine Ziele erreichen kann. Ich bin
sehr strukturiert, organisiert und diszipliniert. Fakten sind mir
wichtig, ich will um die Dinge wissen, möchte sie bestimmen
und auch kontrollieren. Nichts in meinem Leben wurde dem
Zufall überlassen. Ich war das, was man landläufig als »Kopf-

mensch« bezeichnet, darüber hinaus ein Kontrollfreak und nicht gewillt, mich dem Fluss des Lebens hinzugeben. Mit dem Fluss des Lebens hatte ich überhaupt so meine Schwierigkeiten, denn da kommt ja, was will, und ich hatte zu wollen, was kommt. All das hatte in meinem Konzept der Lebensgestaltung eigentlich keinen Platz. Eigentlich. Doch ich wollte mich ja verändern. Und damit nahm die Herausforderung ihren Lauf. Schon ganz zu Beginn ahnte ich, es würde an den Grund der Sache gehen. Und auf dem Weg, für den ich mich entschieden hatte, sollte vor allem die Reise vom Kopf ins Herz Bedeutung bekommen. Rein anatomisch ein kurzes Stück Weg, je nach Körpergröße gerade mal gute dreißig Zentimeter – aber da es nicht um die Körperebene, sondern um die Seelenebene ging, war mir ebenso klar, diese Reise würde sich zu einer Expedition gestalten. Doch bei meinem Erkunden und Erforschen kam ich bald an den Punkt, an dem es sich nicht gut anfühlte, den Verstand ganz loszulassen. Er und ich waren gar nicht so ein schlechtes Team, und in vielen Situationen ist er mir wertvoller Begleiter geworden.

Kurzanleitung für das Wechseln der Zugangsebene

Die Ebenen des Verstandes und des Bewusstseins sind uns allen sehr vertraut. Wir haben in Schule, Studium und Beruf gelernt, Wissen zu sammeln und mit dem Verstand zu agieren. Eine Situation zu analysieren und einen logischen Plan zurechtzulegen, um etwaige Lösungen zu finden, haben wir oftmals geübt. Und mit jedem Mal haben wir den Weg der Kontrolle gefestigt. Plötzlich auf andere Ebenen zu wechseln oder gar im Feld des Unterbewusstseins eine Lösung zu finden, das ist für viele sehr schwierig und gestaltet sich als große Herausforderung.

Mir hilft dabei eine einfache Visualisierungsübung. Ich stelle mir einen inneren Aufzug vor, und mit der Auswahl der Ebene ermögliche ich mir eine weitere Sichtweise der aktuellen Situation.

Mit einem inneren Lift wähle ich eine der oberen Etagen – dort sitzt der Verstand. Ich »fahre« also in die Ebene des Verstandes und betrachte von dort aus die Situation, analysiere, erkenne, strukturiere. Hab ich einige Informationen angesammelt, »fahre« ich mit dem Aufzug eine Etage tiefer – das Herz. Bevor ich aus dem Aufzug aussteige, zentriere ich mich mit dem Atem bewusst im Herzen. Dann fühle ich mich von dort aus in die Situation ein. Welche Gefühle nehme ich wahr? Und erneut sammle ich Informationen. Die nächste Ebene, die ich wähle, ist etwas tiefer: der Bauch. Auch dort braucht es ein Zentrieren, bevor ich mich aus dieser Ebene in die Situation begebe und mit meiner Intuition nachfühle. Worum geht es? Worin könnten die Lösungen liegen? Manchmal fahre ich sogar noch tiefer, in die Ebene des Unterbewusstseins, und schaue mir aus dieser Perspektive ebenso das Problem an. Dann fokussiere ich meine Wahrnehmung dahingehend, dass ich mich den Antworten öffne, die mir mein Unterbewusstsein zuspielt.

Dies mag ein bisschen Übung benötigen, doch diese Übung ist eine wertvolle Unterstützung und eine sehr einfache, dabei aber wirksame Technik.

Vom Kopf ins Herz, vom Herz in den Bauch und zurück
Ja! So soll die Reise sein. Als Menschen sind wir es gewohnt, in Schwarz-Weiß zu denken. Mit Farbabstufungen von Grau haben wir manchmal schon Probleme. Wenn wir unser Leben zu sehr aus der Ebene des Kopfes führen, glauben wir, dass wir die Ebene wechseln sollten. Also entweder das eine oder

das andere, Kopf oder Herz. Vom Kopf ins Herz zu kommen zeigte sich mir nur als ersten Schritt. Und das kann der Verstand noch akzeptieren, es erscheint ihm schlüssig. Denn dass die Welt des Nachdenkens, Planens, Rationalisierens, Philosophierens zu einseitig ist, das ist wohl einleuchtend. Dass er selbst aber nicht überflüssig ist, darauf beharrte er, und es fühlte sich stimmig an. Fühlen! Ja. Ein weiterer Mosaikstein zeigt sich. Das Fühlen als »Partner« zum Denken. »Das fühlt sich gut an«, sprechen wir oftmals aus und meinen damit den Bauch. So war ich also im Bauch gelandet und damit in der Bredouille. Ich wollte ja vom Kopf ins Herz, und plötzlich zeigte sich der Bauch. Konnte es sein, dass das Dreamteam aus dreien besteht, nicht nur aus zweien? Welche Rolle aber sollte dabei das Herz einnehmen? Denken und fühlen. Es fehlt ein wichtiger Aspekt. Der Verstand kann uns nur Wege öffnen aus Erfahrungen, die er archiviert hat, sprich Erfahrungen, die er gemacht oder zumindest mittelbar beobachtet hat. Was aber ist mit den Wegen, die man noch gar nicht gegangen ist, die man noch nicht einmal gesehen hat?

Es gibt so viele Möglichkeiten, einen Weg zu gehen, eine Lösung zu finden, das Leben zu gestalten, wie die Menschen eben individuell und verschieden sind. Und wer sollte Wege und Lösungen besser finden als jeder Mensch selbst? Ich bin überzeugt, dass jeder der beste Fachmann für sich selbst ist, denn nur selbst kann man spüren, wie es sich in sich anfühlt. Es musste noch einen dritten Aspekt geben neben dem Verstand, der für das Denken zuständig war, sowie neben dem Bauch, der für das Fühlen zuständig war. Das Herz. Ihm ist die Intuition zuzuschreiben. Der Weg der Liebe und des Seins. Liebe und Sein kann der Verstand nicht begreifen. Der Bauch weiß, wie es sich anfühlt. Das Herz eint diese beiden Energiefelder.

Die Wissenschaft hat für uns herausgefunden, dass das Herz von einem gewaltigen Energiefeld umgeben ist: Es hat ungefähr zweieinhalb Meter Durchmesser und ist damit weitaus größer als das Energiefeld des Gehirns. Die vom Herzen erzeugten elektrischen und magnetischen Felder kommunizieren mit den Organen in unserem Körper, und es ist das Herz, das dem Gehirn signalisiert, welche Hormone, Endorphine oder anderen Chemikalien es im Körper erzeugen soll.

Das Gehirn handelt nicht eigenständig, sondern erhält die Signale dafür vom Herzen. Unser Herz dient als Vermittler, der alle unsere Überzeugungen und Gefühle in elektrische und magnetische Schwingungen und Wellen wandelt. Es ist unglaublich, aber die elektrische Kraft des Herzsignals (EKG) ist bis zu 60-mal stärker als das elektrische Signal des Gehirns (EEG). Das magnetische Feld des Herzens ist sogar 5000-mal stärker als das des Gehirns.

So können wir erkennen, wie wichtig unsere Zentrierung im Herzen ist und wie ausschlaggebend der erste Schritt hin in unser Herzzentrum.

Dennoch ist das Ziel ein anderes: eine Einheit zu finden zwischen dem Herzen, dem Bauch und dem Kopf und zu lernen, dieser neuen Kraft zu folgen. In einem Zustand, der das Herz öffnet – zum Beispiel in der Natur oder in der Meditation, aber auch in einer liebevollen Begegnung mit einem Menschen –, kann man fühlen, wie diese Ebenen eins werden und man ganz leicht Zugang zu den Informationen des Herzens, der Seele und des Lebensplans erhalten kann.

Botschaften und Zeichen

Ich habe gelernt, dass es tatsächlich keine Zufälle gibt. Ereignisse, die perfekt in mein Leben passten, Begegnungen, die nicht besser zeitlich abgestimmt hätten werden können, Hinweise in Radio, Zeitschriften, auf Autokennzeichen und Träume, so klar, dass es keine Entschlüsselungshilfe eines geheimen Dienstes dazu brauchte: Da waren göttliche Kräfte am Werk. Ich wurde aufmerksam auf Zeichen und Botschaften und begann ihnen zu folgen. Ganz oft waren sie mir wertvolle Wegweiser. Für manchen mag es weit hergeholt klingen zu sagen, dass dies Zeichen aus den Anderswelten sind. Unbestritten ist, dass wir alle Teil der göttlichen Schöpfung sind. Und mit dem inneren Licht, das wir als göttlichen Funken in uns tragen, sind wir verbunden mit allem, was ist. Insofern sind wir in Resonanz mit einer höheren Ebene. Lichte Wesen aus anderen Ebenen sind für uns Helfer und Begleiter. So folgt unser Leben einem höheren Plan: Alle Ereignisse, Situationen, Begegnungen haben das Ziel und die Aufgabe, unserer Entwicklung und unserem persönlichen Wachstum zu dienen. In unserem Unterbewusstsein tragen wir dieses Wissen darüber als Teil unserer Seelenessenz in uns, und wir sind uns auf einer anderen Ebene unseres Seins all dessen bewusst. Im Alltag allerdings, in unserem irdischen Leben, fehlt uns der Zugang zu diesem »Überblick«. Es ist der Verstand, der ihn immer wieder versperrt. Und so sehen wir uns vielen offenen Fragen gegenüber und wünschen uns Antworten, Unterstützung und Hilfe. Wenn wir aber lernen, diese Fragen bewusst in unserem Alltag zu (be)halten, und wenn wir den Gedanken, die kommen mögen, Achtsamkeit schenken – dann wird uns gegeben, dass wir im Kontext dazu die Zeichen sehen und erkennen können, dass wir die Botschaften hören.

Kurzanleitung für mehr Botschaften

Alles ist mit allem in Verbindung. Das gilt auch für die Situationen und Ereignisse. Man kann es sich wie einen See vorstellen. Wenn er ruht, ist die Oberfläche still. Wird ein Stein in das Wasser geworfen, gerät die Oberfläche in Bewegung, und in ganz unterschiedlicher Weise ist dies auf dem ganzen See wahrnehmbar. Etwas wird sichtbar. Ähnlich empfinde ich die Zeichen und Botschaften der geistigen Welt. Wir Menschen sind im Alltäglichen so vielen Einflüssen ausgesetzt oder so sehr in die Erwartung und die Vorstellung des Wie verstrickt, dass es uns schwerfällt, Botschaften und Hinweise der himmlischen Welten wahrzunehmen. So möchte ich dir mein Ritual dazu an die Hand reichen.

Wenn ich mich in Situationen befinde, in denen ich spüre, dass ich ratlos bin, bitte ich die geistige Welt um ihren Input. Dann nehme ich mir bewusst Zeit, um innezuhalten und mich auf das Empfangen von Botschaften einzustimmen. Dazu schließe ich die Augen und bitte meine himmlischen Begleiter um ihre Unterstützung. Ich visualisiere die Situation, die mir am Herzen liegt, als Bild, das sich in einem ruhenden See spiegelt. Über meinen Atem verbinde ich mich innerlich mit diesem Bild, als atmete ich die Energie des Augenblicks, des Bildes, des Sees in mein ganzes Bewusstsein ein. Und dann erlaube ich Bewegung im Bild, als hätte irgendwo jemand einen Stein ins Wasser geworfen. Diese Bewegung löst das Bild auf. Mit meinem Atmen bleibe ich beim Betrachten des sich auflösenden Bildes. Und lasse es innerlich los. Dann konzentriere ich mich auf mich und visualisiere das Resonanzfeld, das ich mit meinem Atmen erzeuge, so als installierte ich empfangende Schwingungsfelder, sozusagen die Satellitenschüssel meiner Selbst. Die Schwingungen dürfen weit hinaus in das Feld, den Himmel, das Universum reichen. Mit dieser inneren Aufmerksamkeit, die ich mit dem Atmen genährt habe, löse ich mich wieder aus der meditativen Haltung und setze abschließend die Intention, dass ich im Laufe des Tages aufmerksam gegenüber der Botschaft der himmlischen Welten sein werde, ganz egal, wie sie mich erreichen: als Lieder im Radio, Texte in der Zeitung, Zahlenkombinationen auf Uhr und Nummernschildern des Autos … ich werde hören, sehen, empfangen. Ich werde wahrnehmen (im wahrsten Sinne des Wortes), wo immer der Stein der Botschaft in den See meines Bewusstseins geworfen wird, und ich werde die Botschaft, die mein Bild erreicht, erkennen.

Über die vielen tausend Jahre ihrer Existenz haben die Menschen gelernt, die Gesamtheit der Schöpfung wahrzunehmen und mit der Natur und ihren Erscheinungen zu kommunizieren, sie als Botschaften zu erkennen. Es sind beispielsweise auch die Tiere, die die Menschen an ihre Fähigkeiten und Potenziale erinnern, ebenso wie die Bilder, Erscheinungen und Phänomene der Natur, die die Herzen der Menschen öffnen. Mit einem offenen Herzen können wir die Dinge in ihrer Gesamtheit erfassen und die Zeichen der Anderswelt erkennen, die sich oftmals die Engel und andere Lichtwesen als Botschafter auserwählen, da diese uns über die Herzebene erreichen.

Auch wenn im aktuellen Zeitalter von Technik, Geschwindigkeit und Oberflächlichkeit diese Fähigkeit, auf Herzebene zu kommunizieren, scheinbar in den Hintergrund getreten ist, unser innerstes »Prinzip« ist stets dasselbe: Auf Seelenebene wissen wir um unseren Seelenweg, den großen Plan und die vielen großen und kleinen Dramen unseres Lebens. Unsere Seele, die über unser höheres Selbst in Verbindung mit Gott und der geistigen Welt ist, hält für uns sozusagen eine Online-leitung aufrecht. Und wann immer wir Unterstützung oder Hilfe brauchen, bekommen wir über diese Leitung die Ant-wort. Im Außen geschehen »zufällig« Ereignisse. Im Innen lenkt unsere Seele unsere Aufmerksamkeit auf diese Ereig-nisse, sodass wir sie wahrnehmen. Eine Situation, die schein-bar einfach nur ein Geschehen, ein Bild im Außen ist, ist für uns in Wahrheit eine wichtige Botschaft, ein Wegweiser, eine Erinnerung.

Dafür braucht es nur die Intention, unser Herz zu öffnen und mit ihm zu sehen und zu hören. Unsere Antennen sind bereit, die Zeichen der Schöpfung, die die Engel und andere Wesenheiten uns als Botschafter Gottes und als Botschafter unserer Seele übermitteln, zu empfangen. Wenn wir unsere Aufmerksamkeit wachhalten und die Nachrichten sehen und hören, dann finden wir ein Zeichen hier, eines dort, und alle fügen sich wie Puzzleteile zu einem Bild zusammen. So lernen wir, auf die Stimme der eigenen Seele zu hören, uns auf die Botschaften einzulassen und diese auch im Alltag umzu-setzen.

Die Schattenseiten auf dem Weg zum Licht

Viele Menschen verspüren Begeisterung ob der Möglichkeit, zusätzliche Information in ihr Leben zu holen, weil sie glauben, dadurch Erklärungen für das eigene Leben zu erhalten. Für Fragen sollen Antworten geliefert werden, für Unschlüssigkei-ten Entscheidungen und für Unsicherheiten Hinweise. Ge-rade für jene Menschen, die dazu neigen, die Verantwortung für ihr Leben nicht selbst zu übernehmen, ist es verlockend, im Außen zu reflektieren. Alles wird als Zeichen gedeutet, auch jede Kleinigkeit, und anstelle von mehr Klarheit kommt noch mehr Verwirrung in ihr Leben. Ein nicht endender Kreislauf beginnt: Offene Fragen werden beantwortet und kreieren weitere Fragen. Als Ausweg bietet sich tatsächlich wieder das bewusste Sein an, das Loslassen des Wollens, das Hingeben an das Nichts und auch an die offene Frage. In diesem Modus sollte man das Herz öffnen und, bevor man darangeht ein Zeichen als Zeichen zu benennen, vom Herzen aus hinfühlen, ob es denn wert ist, dieses Ereignis, die Begegnung oder den Traum als Zeichen und Botschaft zu sehen.

Bring die Wahrheit ans Licht

Du möchtest dein Leben mit Licht erhellen – dann betrachte es zuerst einmal bei Licht. Und zwar in Ruhe. Mit diesen Übungen wollen wir immer wieder innehalten und uns besinnen auf das, was ist, und auf das, was sich ändern soll. Auch dich führt dein Leben nicht zufällig zu diesem Buch. Unsere gemeinsame Gedankenreise soll auch in dein Leben Veränderung bringen. Besinne dich jetzt für einen Moment, und schenke dir die Zeit, um für dich zu reflektieren:

Antworte spontan, wer regiert dein Leben? Dein Kopf oder dein Herz?

*   Neigst du dazu, die Dinge kontrollieren und bestimmen zu wollen?
*   Gibt es Signale deiner Seele?
*   Welche Ereignisse in deinem Leben könnten ein Signal deiner Seele sein?
*   Hörst du die Hinweise deiner Seele, oder verdrängst du sie?
*   Wie sehr gelingt es dir, im Hier und Jetzt zu sein?
*   Reisen deine Gedanken oft in die Vergangenheit, in die Zukunft?
*   Loslassen – welche Resonanz erzeugt das in dir?

In Kommunikation mit der geistigen Welt

Die aktuellen Zeiten haben eine neue Qualität mitgebracht. Man spricht vom Wassermannzeitalter. Es steht für ein neues Bewusstsein. Das astrologische Zeichen des Wassermannzeitalters ist der erleuchtete Mensch, der Wasserträger, der das Wasser des Lebens über der Erde ausgießt. Es ist das Zeichen für den bewussten Menschen, der sich dem Dienst für die Welt verpflichtet hat, für den Menschen, der durch seine spirituelle Transformation geht. Das Wasser des Wassermanns ist das Licht der Menschen dieses Zeitalters. Licht strömt zu uns in großen Mengen. Lichtquanten erreichen uns und fordern uns dazu auf, den Fluss des Lebens zu erneuern. Wir alle dürfen dieses Licht für unsere Entwicklung nutzen. Während dieser nächsten zweitausend Jahre werden die Menschen und die Erde zu Partnern bei der Arbeit zur Verbesserung allen Lebens auf diesem Planeten werden. Zum einen ganz irdisch. Die Möglichkeiten der Menschen verändern sich.

Doch auch der Zugang zur feinstofflichen Welt hat sich verändert. Mit dem ausgehenden letzten Jahrtausend konnte beobachtet werden, dass es nicht mehr nur Einzelne waren, die den Zugang zu Wesenheiten aus anderen Dimensionen fanden, es schien die Menschen ein neuer Zeitgeist zu begeistern, im wahrsten Sinne beider Worte. So waren es zunächst die Engel, die über den Mainstream »in« wurden. Ich wage zu sagen, es sind die himmlischen Welten selbst, die sich der irdischen Werkzeuge bedient haben, um Zugang zu den Menschen zu finden, um sie zu erreichen und mit ihnen im Austausch zu sein. Im Plan des höheren Ganzen ist vorgesehen, dass die Menschen einen »Shift« machen. Darunter versteht sich eine kollektive Veränderung für das Gesamte. Die Menschheit steht damit vor einer großen Herausforderung, doch sie wird dabei nicht alleingelassen. Helferteams aus anderen Dimensionen stehen uns zur Seite. Es ist so einfach, mit ihnen zusammenzuarbeiten, dass man es manchmal kaum für möglich hält.

»Kannst du mit den Engeln sprechen?«, fragt mich die Frau, die vor mir steht. Ich weiß nicht, was ich antworten soll. Ein »Ja, ich spreche mit den Engeln« wäre richtig, und ein »Nein, ich spreche nicht mit den Engeln« wäre ebenso richtig. Für mich gilt, dass die Kommunikation mit den Wesenheiten aus den anderen Ebenen auch eine andere ist als jene mit den Menschen. In die Stille meiner ausbleibenden Antwort fragt sie mich: »Kannst du denn die Engel sehen?«, und erneut kann ich keine Antwort in diesem Sinne geben. »Ja, ich kann sie sehen« und »Nein, ich kann sie nicht sehen« – beide Antworten wären richtig. Die Frau scheint mein Nichtantworten als das zu nehmen, was sie gerne hören möchte. »Aber wie machst du das?« Mit fragenden Augen und Hoffnung auf jene eine Antwort schaut sie mich an. Der Gedanke an meine liebevollen Helfer lässt mich lächeln, und die Frau nimmt es als hoffnungsvollen ersten Hinweis. »Ja, ich würde auch so gerne mit den Engeln sprechen. Aber ich höre sie nicht. Ich kann sie auch nicht sehen, und ich bitte sie so sehr darum, aber vermutlich ist mir das nicht gegönnt, vielleicht auch noch nicht gewährt.« Sie unterbricht sich und schaut mich an: »Was kann ich denn tun, damit ich mit den Engeln kommunizieren kann?« Ich habe noch immer kein Wort von mir gegeben, aber es scheint, als habe sie alle Antworten erhalten, denn da ist schon die nächste Frage.

»Welchen Auraspray verwendest du?« Da muss ich wieder lächeln, denn ich erinnere mich an die Zeit, als ich noch viele Hilfsmittel verwendete. »Hast du denn ein spezielles Ritual?« Das Frage-ohne-Antwort-Verhör geht weiter. »Ich hab da so eine CD mit einer geführten Meditation«, sagt sie, »aber an der Stelle, wo man dann mit seinem Engel kommuniziert, da höre ich nichts.«

Ja, ich erinnere mich auch an die Zeiten, da ich unbedingt »wollte«. Manchmal hab ich das heute noch. Ich »will« dann unbedingt mit der geistigen Welt kommunizieren. Doch damit scheine ich mich dann oftmals selbst zu blockieren. »Weißt du«, die Frau spricht wieder weiter und holt mich aus meinen Gedanken, »weißt du, ich meditiere ja jeden Tag dafür, dass die Engel mit mir sprechen, aber vielleicht sollte ich mehr meditieren. Wie lange meditierst du? Und wie oft am Tag? Ich meditiere morgens und abends, aber es ist offensichtlich zu wenig.« Die Frau beeindruckt mich. »Es gibt da ja so ein Seminar. Eine Ausbildung, um mit den Engeln zu sprechen. Man kann das online machen, es dauert insgesamt ein halbes Jahr. Zu dieser Ausbildung gehören auch zwei Wochenendseminare, und am Ende hat man noch eine Abschlussprüfung und bekommt dann, wenn man dabei erfolgreich ist, ein Zertifikat und ist ...« Ich bin erstaunt. Online-Ausbildung, Prüfung, Zertifikat – ob die Engelwelt das abgesegnet hat? Ich kann mir ein Schmunzeln nicht verkneifen. Die Frau nimmt das als Antwort. »Du kennst die Seminaranbieterin also? Was hältst du von ihr?« Ich hab den Namen noch nie gehört, aber wie komm ich jetzt elegant aus diesem Verhör? »Es kostet ja schon viel« – die Frau nimmt mir nun meine Antwort ab, indem sie weiterspricht, »und mein Mann dürfte das gar nicht wissen. Aber ich hab das Geld von meinem Ersparten, eigentlich wollten wir da mal eine große Reise machen. Doch wenn ich das Zertifikat habe, dann kann ich damit ja Beratungen anbieten und mir das Geld wieder zurückverdienen.« Aha, daher weht der Wind. Allmählich gerate ich wirklich in eine Zwickmühle. Wie soll ich der Frau, die ich gar nicht kenne, eine ehrliche Antwort geben, ohne ihr ihre Illusionen zu nehmen? Zum Glück läutet ihr Telefon. Sie fischt es aus der Handtasche, schenkt mir noch einen kurzen Blick, murmelt: »Danke für das Gespräch«, und geht ein paar Schritte weiter. Ich höre noch, wie sie ins Telefon spricht: »Ja, ja, sie hat gesagt, dass sie das auch empfiehlt und dass das bestimmt klappen wird.« – Also, ich hoffe nur, sie meint dabei nicht mich.

Ich erlebe oft, dass Menschen den sehnlichen Wunsch haben, mit den Dimensionen der anderen Ebenen zu kommunizieren. Es erscheint ihnen verlockend, Antworten zu bekommen auf Fragen, die für sie selbst offenbleiben. Fragen gehören zum Leben dazu. Fehlende Antworten auch. Das alltägliche Leben zeigt sich oft als Herausforderung, nicht zuletzt, weil wir an diesen wachsen, weil wir mit dem Schritt aus der Komfortzone heraus das Leben entdecken. Und ebenso oft sind wir ratlos, was zu tun ist, wohin wir uns wenden sollen, welches der nächste Schritt ist. Das birgt Unsicherheit in sich, und wir kommen uns schutzlos vor, oftmals auch schwach. Es liegt in der Natur des Menschen, dass er nach Sicherheiten sucht. Vielleicht können ja die geistigen Welten Sicherheit bieten? Und damit auch die Möglichkeit, nicht selbst in die Verbindlichkeit gehen zu müssen, denn es waren ja die Engel (oder andere Wesen), die gesagt haben, dass …

Meiner Erfahrung nach ist die Kommunikation ganz einfach. Ein innerliches Öffnen reicht aus. Die Wesenheiten aus der anderen Ebene sind da. Sie unterstützen uns, sie ermutigen uns, sie geben uns Hinweise. Aber sie nehmen uns den Weg nicht ab. Der Schritt der Erkenntnis dient unserem Werden. Deshalb ist es erforderlich, dass wir selbst durch diese Türe gehen, wohlgemerkt, nicht allein. Die Wesenheiten bieten uns ihre Energien. Wir können an diese Energien andocken und erhalten damit, was wir brauchen, um gestärkt und innerlich aufgerichtet durch diesen Prozess zu gehen. Der Prozess selbst bleibt.

Wenn wir die Reise des Lebens antreten, dann haben wir sozusagen unsere Reiseroute gewählt. Die Stationen, an denen wir Halt machen wollen, stehen fest. Wie wir die Reise im Detail gestalten, dazu bleiben im Rahmen der individuellen Freiheit stets alle Möglichkeiten offen. Der Rucksack mit den erforderlichen Notwendigkeiten ist gepackt. Wann wir ihn auspacken, wie oft wir ihn öffnen, liegt an uns. Und bei alledem sind wir nie allein. Die geistige Welt ist in dem Augenblick zur Stelle, in dem wir sie dazu auffordern. Und nun bin ich bei den Antworten auf die Fragen der Frau, die mich bei unserer Begegnung um Rat ersucht hat. Naturwesen, Engel, Geistführer und andere ätherische Wesen schwingen höher und sind deshalb für die meisten mit den Augen nicht sichtbar. Trotzdem können wir die Engel und andere geistige Wesen wahrnehmen. Wir können mit ihnen kommunizieren und erhalten von ihnen Antworten und Botschaften. Wir können sie sehen. Hilfsmittel können helfen, müssen es aber nicht. Trainings können uns unterstützen, sind nach meinem Verständnis und Erleben aber nicht unbedingt erforderlich.

Kurzanleitung für den Dialog mit himmlischen Wesen

Wenn wir im Alltag ratlos sind und uns Unterstützung wünschen, ist es für uns selbstverständlich, einen Freund, eine Freundin, ein Familienmitglied zu kontaktieren und um Rat zu fragen. Und für diese ist es selbstverständlich, jederzeit für uns da zu sein. So wie wir selbst es auch für unsere Lieben sind. Dasselbe gilt für unsere himmlischen Begleiter. Sie stehen uns jederzeit zur Seite und wollen einfach nur »gerufen« werden. So wie wir eben unsere Freunde oder Familienmitglieder ansprechen, um uns ihnen anzuvertrauen. Ich habe über die Jahre gelernt, dass es hilfreich ist, wenn man dazu bestimmte Rituale nutzt. Zum einen geht es schneller, zum anderen sind sie dann unserem Unterbewusstsein bekannt und vertraut. Abwehrmechanismen des Verstandes werden so überlistet.

Es ist mir eine Freude, mein Ritual hier mit dir zu teilen. Ich habe einen inneren Raum kreiert und installiert, in dem ich mich mit meinen himmlischen Freunden treffe, um ins Gespräch zu kommen. Für mich war es reizvoll und stimmig, mir dazu einen Tempel als Platz einzurichten. Lass dich dazu inspirieren, dir deinen ganz eigenen Ort zu kreieren. Das kann auch ein Lieblingsplatz in der Natur sein, den du vorziehst. Wichtig ist nur, dass es stets derselbe ist. Auch die Abfolge der visualisierten Handlungen ist stets gleich, um die Vertrautheit zu nutzen. So hülle ich den Raum in goldenes Licht, und dieses goldene Licht atme ich ein, bis ich innerlich zur Ruhe gekommen bin. Ich nenne es »in mir Platz nehmen«. Ich selbst habe kaum das Bedürfnis mich vor dunklen Energien zu schützen, da ich davon ausgehe, dass die Liebe die höchste aller Kräfte ist, und diese Intention für mich ausreicht, dass ich mich geschützt fühle. Deshalb visualisiere ich dieses goldene Licht auch immer als universelle Kraft der Liebe. Wenn ich mit dieser Energie ganz eins geworden bin, dann bitte ich meinen Engel oder meinen Geistführer in diesen Raum, es kann auch eine göttliche Präsenz wie Jesus oder Mutter Maria sein oder eine Gruppe von Lichtwesen. Und dann erzähle ich von mir, meinen Gedanken, meinen Sorgen – wie ich es bei Freunden tun würde. Diese himmlischen

Wesenheiten haben einen anderen Zugang als wir Menschen, sie haben sozusagen die »Übersicht« über den Lauf der Dinge, die Themen, die meine Seele mitgebracht hat, und können mir deshalb ganz andere Impulse geben, als es Freunde könnten. Oftmals erfahre ich in so einer Einheit, dass ich selbst in Licht gehüllt werde, dass bestimmte Energien mich erreichen. Ich lasse immer alles geschehen. Und wenn ich merke, dass mein Verstand sich dazwischenschiebt und wenig hilfreiche Kommentare liefert wie »Das kann nicht sein« oder »Das denkst du dir nur aus«, dann konzentriere ich mich erneut auf das goldene Licht und atme es ein und aus. Für diese Begegnung nehme ich mir so viel Zeit, wie ich brauche. Mal mehr, mal weniger. Abschließend bedanke ich mich stets für die Hilfe und die Unterstützung – wie ich es bei jedem Menschen, der mir sein Ohr leiht, ebenfalls machen würde. Oftmals schließt sogar eine Umarmung die Begegnung ab, eben auch wie im »richtigen Leben«. Bevor ich meine Augen öffne, lass ich stets die inneren Bilder weichen, bis ich wieder beim dunklen Schwarz der geschlossenen Augen ankomme und dann mit dem Öffnen der Augen behutsam in meinen Alltag zurückkehre.

Unser alltägliches menschliches (Er-)Leben wird oft als Leben in der dritten Dimension bezeichnet. Damit ist unser Dasein, wie wir es kennen, gemeint, in Raum, Zeit und Materie. Das schließt alles ein, was man angreifen, messen und beschreiben kann. In meinem Weltbild gibt es eine übergeordnete Welt. Mit der Frage, was das Leben überhaupt ausmacht, verflüchtigt sich die Materie. Selbst in der Wissenschaft offenbart sich den Forschern, dass es mehr gibt als die Materie, nämlich Energiefelder, einen vernetzten Kosmos und ein Bewusstsein. Wenn wir uns in der unergründlichen Tiefe der Materie und in den Weiten des Kosmos bewegen, dann verlassen wir die Ebene dessen, was unser Verstand greifen kann. Es öffnet sich uns ein Raum, der nicht mehr begreifbar ist, der sich nicht erklären lässt. Das liegt auch daran, dass unsere Muttersprache sich schlecht dazu eignet, weil sie auf eine dreidimensionale Weltauffassung aufbaut. Es gibt verschiedene Weltmodelle, manche erkennen zwölf Dimensionen, andere neun, sieben oder 26. Mir selbst erscheint das nicht so wichtig. Diesen weiteren Dimensionen ordnen wir die geistigen Wesen zu, auch die Welt der Verstorbenen. Zudem finden wir in jenen Dimensionen weder Zeit noch Raum, lediglich mehr Möglichkeiten.

Wichtig ist, offen zu sein für das Wissen, dass es mehr gibt als das, was wir begreifen und sehen können. Wir sollten uns erlauben, es nicht verstehen zu müssen, denn es reicht aus zu vertrauen. In diesem Vertrauen liegt ein wesentlicher Schlüssel für die Möglichkeit der Begegnung.

Wenn wir mit den Wesenheiten der höheren Ebenen in Kontakt treten wollen, ist es notwendig, dass wir unsere eigene Schwingungsfrequenz verändern und unserem menschlichen Dasein eine andere Art der Wahrnehmung ermöglichen.

Viele Menschen sind sehr verhaftet in der dritten Dimension. Sie glauben an das, was man sehen und hören kann, denn das fällt ihnen leicht. Alles andere scheint unbegreiflich – wieder einmal im wahrsten Sinne des Wortes. Es ist schwierig, etwas in sein Wahrnehmungsvermögen zu integrieren, das man nicht sehen oder angreifen kann und für das es keine irdische Erklärung gibt. Denn wie soll man Engel, Geistwesen, Lichtwesen erklären? Sie sind.

Doch selbst wenn Menschen offen sind und ganz intensiv an die anderen Dimensionen glauben (wollen), klappt die Kontaktaufnahme oftmals nicht. Dafür gibt es mehrere Gründe. Zum einen haben die meisten Menschen ein innerliches Programm des Zweifelns und denken, dass sie »es nicht verdienen«. Diese Muster und Prägungen hindern viele daran, mit der geistigen Welt Kontakt aufzunehmen. Die kirchlichen Institutionen sind unbewusst in uns tätig und haben in uns angelegt, dass es nicht jedem vergönnt ist, in Kontakt mit dem Göttlichen zu treten. Nur ganz besonders Auserwählte scheinen die Möglichkeit dazu zu haben. In meinen Augen ist dies nichts anderes als das Programm des Kleinhaltens, das die Menschheit in ihrem Glauben erfahren hat. Wie hätte man die Macht der Kirche erhalten können, wenn es allen möglich wäre, dem Heiland nahe zu sein? Die biblischen Geschichten wurden derart ausgelegt und kommuniziert, dass die Gläubigen gar nicht anders konnten, als sich klein, schuldig und wertlos zu fühlen. Zugang zur himmlischen Welt sollte nur durch Verdienst oder Aufwand möglich sein. Wer nicht entsprechend den vorgegebenen Normen der kirchlichen Institution lebt, lädt Schuld auf sich und versündigt sich.

Ich wage zu behaupten, dass viele der heutigen Muster wie »Ich muss daran noch arbeiten« und »Ich habe noch nicht genug geleistet« dafür verantwortlich sind, dass die Menschen meinen, sie hätten sich die Nähe der himmlischen Wesen (noch) nicht verdient. Dass es »einfach so« und in Leichtigkeit möglich ist, können sie nicht glauben. Auch die Prägung »Ich kann nicht« ist tief in uns verankert. Wir haben immer wieder gehört, dass wir etwas nicht können, dass wir zu dumm sind, dass nur andere das beherrschen. Wenn wir den Glauben an uns selbst nicht haben, dann bleibt auch der Zweifel daran, dass uns etwas möglich sein soll. Und in dem Moment, wo wir einer Absicht einen Zweifel nachschicken, reduzieren wir die Chance, dass etwas real werden kann, beträchtlich. Zweifel wirken wie Stornoerklärungen zu unserer Absicht oder unserem Wunsch.

Kurzanleitung für den Umgang mit Zweifeln

Wir sind daran gewöhnt, mit unserem Verstand zu agieren, zu denken, zu erkennen, zu analysieren. Der Verstand wendet sich stets Dingen zu, die greifbar und vorstellbar sind. Vorstellbar sind sie deshalb, weil sie auf einem Erfahrungsschatz basieren, auf dem eigenen oder einem, von dem wir gehört haben – nach dem Motto: Wirksam ist, was sichtbar ist. Die Vorstellung, dass Unsichtbares auch wirksam ist, mag für manche Menschen eine Herausforderung sein. Und wenn etwas nicht erklärbar oder wissenschaftlich belegbar ist, findet sich so mancher im Feld von Ungläubigkeit und Zweifel. Wie bereits erwähnt, haben die Zweifel die Auswirkung einer Stornierung. Wir schicken einen Wunsch ins Universum und zugleich den Zweifel, ob das überhaupt möglich ist. Wunsch auf der einen Seite, Zweifel auf der anderen Seite. In der Mathematik könnte man das »wegkürzen«, wie Plus und Minus, die sich gegenseitig aufheben. Ähnlich ist es im Schwingungsbereich der Energiefelder. So gilt es also einen achtsamen und aufmerksamen Umgang mit Zweifel, Unsicherheit und fehlendem Glauben zu entwickeln.

Wenn ich in meinem feinstofflichen Bewusstsein bemerke, dass ich zweifle, dann wende ich mich zunächst dem Verstand zu. Ich schenke ihm meine Aufmerksamkeit und lasse ihn alles loswerden, was ihm wichtig ist. Alle Gedanken dürfen sein und vom Verstand übermittelt werden. Ich wehre mich nicht gegen ihn. Aber ich schenke ihm auch keine Zustimmung, ich bin sozusagen seine neutrale Beobachterin. Ist der Verstand erst einmal alle seine Bedürfnisse losgeworden, ist es leichter, ihn dazu zu bringen, dass er ruht. Dazu lade ich ihn auf eine imaginäre Besuchercouch ein, dort darf er Platz nehmen und eine Weile bleiben. Dann wende ich mich all den Zweifeln und Gedankensätzen zu, die mich blockieren. Ich nehme einfach zur Kenntnis, dass sie da sind. Das bette ich in die imaginäre Handlung ein: Ich stelle mir vor, dass ich für jeden dieser Zweifel einen Luftballon in der Hand halte. Ich betrachte den Zweifel, sprich den Ballon (manchmal ist er sogar mit dem jeweiligen Zweifel beschriftet), und dann öffne ich mit einem tiefen Atemzug meine Hand und lasse den Ballon los, ich schaue ihm nach, wie er in den Himmel steigt und davonschwebt. So verfahre ich mit allen Zweifeln, den Gedanken des Ungläubigen, Unsicheren oder auch Ängstlichen, ich lasse sie als Ballons in den Himmel schweben. Danach betrachte ich voll Freude und Optimismus den weiten Himmel mit all seiner Schönheit und dem satten Blau und freue mich auf das Unbekannte, das mir das Universum ermöglichen wird.

Alternative Kurzanleitung für den Umgang mit Zweifeln

Für ein Ritual bietet sich natürlich eine Vielzahl an Varianten an. Mit dieser zweiten Möglichkeit möchte ich dich dazu inspirieren, dir selbst eigene Wege zu suchen und eigene Rituale zu kreieren. Ich habe für mich erkannt, dass Rituale einfach am besten »funktionieren«, wenn wir stets dasselbe anwenden. Für den Verstand ist es dann leichter, ruhig zu bleiben.

Eine Variante, die ich sehr mag, ist jene des Listenschreibens. Wenn du vor einer Herausforderung stehst und sehr viele Bedenken spürst oder Ängste, dann setz dich hin und schreib eine Liste. Nimm dir dazu eine »unmögliche« Zahl vor, zum Beispiel 39 Zweifel oder 57 Ängste. Eine Zahl, von der du meinst, dass sie viel zu hoch ist. Und dann schreibe. Du wirst sehen, du füllst die Liste. Wenn sie fertig ist, gehst du in Kontakt mit jedem einzelnen Punkt. Nimm ihn wahr, atme ein – atme aus. Und mit dem Ausatmen verabschiede dich von dem Punkt, wie vom ausgeatmeten Sauerstoff, den holst du auch nicht wieder zurück. Wenn du das mit der ganzen Liste gemacht hast, dann vernichte sie. Zerreiß sie in viele, viele Schnipsel und verbrenne sie oder wirf sie in einen Bach. Wenn die Zweifel und Unsicherheiten zurückkommen, heißt das nicht, dass du etwas falsch gemacht hast. Es handelt sich dabei um Facetten und weitere Schichten. Betrachte sie wie Familienmitglieder, wie den kleinen Bruder des Zweifels, den entfernten Cousin der Unsicherheit. Manchmal sind die Familien und Sippen sehr groß, manchmal auch nicht. Und erinnere dich daran: Sei nicht zu streng mit dir.

Oft denken Menschen, dass es die Aufgabe der geistigen Begleiter ist, unsere Alltagsprobleme für uns zu lösen. Dies ist definitiv nicht der Fall. Wir haben auf unserer irdischen Reise bestimmte Lebensaufgaben zu erledigen und daraus zu lernen. Dies müssen wir selbst tun, denn wie sonst geschähe das Lernen? Wir können um Hilfe bitten, die uns in mannigfaltiger Form gewährt wird. Und dann geschehen plötzlich Zufälle, schicksalhafte Begegnungen mit anderen Menschen, wir haben Gedankenimpulse oder Inspirationen. Man betrachte das Wort »Inspiration« – »in spirit«. Also mit dem Geist sein. Be-geist-ert sein. All dies besagt, dass wir in Kontakt mit einer anderen Ebene sind, wie auch immer wir sie wahrnehmen. Gerade dann, wenn diese »Ideen« scheinbar »völlig aus der Luft gegriffen sind« und gar nicht zu unserem alltäglichen Erlebensfeld gehören oder außerhalb unserer eigenen gedanklichen Begrenzungen stehen, können wir davon ausgehen, dass eine andere Ebene mit uns kommuniziert. Denn der eigene Verstand arbeitet stets im erfahrenen Rahmen, im vorstellbaren Konstrukt der Möglichkeiten, umgelegt auf das eigene Leben.

Ich habe erwähnt, dass eine Schwingungserhöhung nötig ist, damit wir uns in die Frequenz der geistigen Welt hineinbewegen, um sie wahrzunehmen. Es ist nicht dasselbe Sprechen, Hören, Sehen und Kommunizieren, wie wir das von Mensch zu Mensch tun. Wir bedienen uns anderer Frequenzen. Ich erlebe es zumeist so, dass die geistige Welt mit mir in Botschaften und Bildern kommuniziert. Die Bilder sind augenblicklich in meinem Kopf. Ich sehe sie wie ein Gemälde vor mir, und indem ich es mit meinen inneren Augen betrachte und mich darauf einlasse, erkenne ich die Informationen. Auch hier braucht es einen »neutralen Geist«, damit es nicht mein menschlicher Filter ist, der in das Bild hineininterpretiert, sondern damit ich dem Bild erlaube, mir seine Botschaften zu übermitteln. Ich bleibe mit meinem Geist in einem empfänglichen Modus, wie ein Radiogerät, das ein Programm empfängt. Das Gerät selbst hat dazu nichts zu tun, als zu sein. Es verändert das Programm oder die Melodie nicht von selbst. Es kann nur sein, dass der Empfang nicht gut eingestellt ist. Denn es braucht eine klare Frequenz, um etwas empfangen zu können.

Wenn es um den Kontakt zu himmlischen Wesen geht, hat unser alltägliches Leben und wie wir es gestalten, großen Einfluss. Hier können wir entweder unterstützend wirken oder Hindernisse kreieren, bewusst und unbewusst. Um die Schwingungserhöhung zu ermöglichen, ist es hilfreich, mit der Natur und der Schöpfung im Einklang zu sein. Wenn wir der Schöpfung nahe sind, sind wir auch den anderen Dimensionen nahe. Leider sind der Alltag und die Verhaltensweisen der Menschen oftmals ganz anders und weit von der Natur entfernt.

Mit der neuen Zeitqualität kamen auch viele Hilfsmittel zu den Menschen, die sie darin unterstützen, sich der geistigen

Ebene zu öffnen. Der Himmel hat sozusagen viele Wege gewählt. Einer davon sind die Essenzen. Auch wenn der Markt boomt, handelt es sich dabei nicht um ein reines Konsumangebot. Sie sind hilfreich. Dennoch ist oftmals zu beobachten, dass die Menschen mit den Essenzen in ein altes Muster rutschen. So wie sie früher nach der Diagnose des Arztes mit dem Rezept in die Apotheke gingen, so sind sie heute versucht, für ein Thema, das sich zeigt, zum entsprechenden Fläschchen zu greifen. Lebens-Wandel wird dabei oft außer Acht gelassen. Das Fläschchen wird's schon richten. Doch so einfach ist es nicht. Und damit kommen die Menschen wiederum zum Schluss, dass diese ganze Sache mit der Spiritualität keine Ergebnisse zeigt. Sie suchen zumeist im Außen und konsumieren. Die Esoterikszene ist ein vielfältiger Markt. Kurse für Medialität haben Hochkonjunktur. Das alles kann durchaus wertvoll sein, aber nur, wenn man mit dem Konsum die Eigenmacht nicht abgibt. Wenn sie stattdessen das Angebot als Ergänzung nutzen, eingebettet in das Wissen, dass es uns allen möglich ist, mit den geistigen Wesen aus verschiedenen Sphären zu kommunizieren, ohne dass man es sich verdienen, erarbeiten oder erkaufen muss. Eine Lizenz dazu gibt es auch nicht, zumindest nicht von der geistigen Welt. Zugang ist jedem erlaubt, sofort, einfach und unkompliziert. Es sind höhere Wesen wie Kryon, Erzengel, Engel, Aufgestiegene Meister und andere, die uns beim Aufstieg ins Licht mit ihrer spirituellen Energie helfen.

Meine Lieblingsliste für »Schwingungserhöhung«
Wenn uns das Leben dunkel erscheint, die Herausforderungen des Alltags zu intensiv sind und wir uns verzweifelt, erschöpft und orientierungslos fühlen, dann liegt es häufig einfach daran, dass wir die innere Verbindung verloren haben. Ist sie

wiederhergestellt, dann sind wir auch erneut mit unserer inneren Weisheit und dem Zugang zu anderen Dimensionen verbunden. Unsere Schwingungsfrequenz ist einfach zu dicht, zu nah an der Materie, der dritten Dimension. Spirituelles Bewusstsein schenkt uns einen helleren Zustand des eigenen Befindens, die Stimmungslage verbessert sich, unsere Eigenfrequenz verändert sich dahingehend, dass unsere Schwingungsfrequenz sich erhöht, wir nähern uns der vierten Dimension. Etwas weiter oben habe ich das mit einem Radiosender verglichen. Es liegt also auch in unseren Händen, die richtige Frequenz, das entsprechende Programm zu wählen. Ich hab mir dazu eine »Liste« angelegt, die immer griffbereit und in Kopien mehrfach hinterlegt ist: z. B. in meiner Geldtasche, in meinem Timer, an der Pinnwand, als Foto auf dem Handy – denn wer kennt das nicht, dass man gerade in Zeiten der Turbulenzen all das vergisst, was man bereits gelesen, gehört, gelernt hat. Ich freue mich, wenn dir meine Liste eine Inspiration für deine eigene individuelle Liste sein kann:

Liste für alle Fälle

- Ein Spaziergang an der frischen Luft, vorzugsweise am fließenden Wasser
- Mein Lieblingsmantra »Yemaya Assessu«
- Mein zweitliebstes Mantra »Sa ta na ma«
- Kopfhörer aufsetzen, Lieblingsmusik einlegen und so laut mitsingen, wie ich kann
- Ein Bad in kostbarem Badeöl nehmen, Champagner trinken und mich danach mit einem duftenden Körperöl verwöhnen
- Wild und lebendig tanzen (passende Musik dafür hab ich stets auf dem Handy, dem iPod und dem PC)
- Das Lied »Don't worry, be happy« singen
- In meinem Tagebuch der positiven Ereignisse blättern

- Meine Freundin anrufen
- Ein Glas Prosecco
- Auraspray
- Die ätherische Ölmischung »be present«
- Engelessenz »Nothelfer«
- Chakrenausgleich
- Das Ritual »Ich bin nicht alleine«
- Eine Atemmeditation

Engel

Die Vorstellung von Engeln hat die Menschheit schon immer fasziniert. Engel sind universelle Lichtwesen. Sie sind an keine Religion, keinen Zeitgeist, keine Nation, kein Dogma, kein irdisches Gesetz, keine Verordnung, keine Ideologie gebunden. Sie überdauern die Zeit. Engel erscheinen in religiösen, mythologischen und anderen Aufzeichnungen, in allen Kulturen. Sie sind zumeist mit Flügeln dargestellt. Das Wort Engel (Angelos) hat verschiedene Ursprünge. Wird es vom altägyptischen Wortstamm »ang« abgeleitet, bedeutet es »Leben«. »El« steht für Gotteslicht. Somit wäre das Wort als »die im göttlichen Licht Lebenden« zu deuten. Wenn wir es vom griechischen »angelos« ableiten, bedeutet es »Bote, Gesandter des Göttlichen«. Sie tragen das göttliche Licht dorthin, wo es gerufen und benötigt wird.

Engel und Menschen haben eine lange gemeinsame Geschichte, und »Engelsanrufungen« sind uralte Rituale. Es wird vermutet, dass ihre Ursprünge in Babylon liegen. Die Bezeichnung »Engel« und die Vorstellung, dass sie Flügel haben, gelangte wahrscheinlich von Ägypten über Israel und Jordanien nach Europa.

Man kann in den Weiten des Internets und in vielen Büchern eine Flut an Informationen über Engel finden, sie werden in Hierarchien beschrieben, sogar ihre Zuordnung und Zuständigkeiten werden von den Menschen definiert. Das ist eine Möglichkeit, die Gültigkeit hat, durchaus. Dennoch vertrete ich für mich das Weltbild, dass die Erscheinungsform der himmlischen Wesen sehr nahe an demjenigen ist, mit dem sie kommunizieren. Einfacher ausgedrückt: Die Wahrnehmung hängt sehr von dem Menschen ab, der sie sieht. Die Engel zeigen sich entsprechend. Ich glaube, dass es deshalb viele Bilder und viele Wahrheiten zu Engeln und den anderen Lichtwesen gibt. Alle sind gleichwertig. Die Engel dürfen in meinem Verständnis so verschieden sein, wie die Menschen auch verschieden sind. Einen Anspruch auf die alleinige Wahrheit erhebe ich nicht, weder sie zu erfahren, noch sie zu vertreten.

Ich verstehe Engel als Botschafter zwischen Himmel und Erde. Ihre Aufgabe ist es, die Menschen auf ihrem Weg zu begleiten und zu unterstützen. Engel haben unterschiedliche Energien. Jene, die dem Menschen am nächsten sind, sind die Schutzengel. Sie sind als Begleitengel ein Leben lang an unserer Seite, wissen um unseren Weg und wirken unterstützend, indem sie uns nicht nur die Richtung weisen, sondern auch für Fügungen, Begegnungen und Ereignisse, die uns dienlich sein sollen, verantwortlich zeichnen. Sie wissen um unsere Schwierigkeiten und Herausforderungen, lesen in unseren Herzen und senden uns auf diesem Weg die Hilfe, die wir brauchen.

Die den Schutzengeln übergeordneten Schwingungsfelder sind jene der Erzengel. Sie haben eine höhere Schwingungsfrequenz und Energien, die für uns Menschen zuständig sind. Erzengel haben eine eigene »Persönlichkeit« und sind für einen ganz bestimmten Aufgabenbereich zuständig. Es gibt verschiedene Darstellungen darüber, wie viele Erzengel es gibt, die christliche Bibel nennt etwa nur drei: Raphael, Michael und Gabriel. Die Kirche kennt allerdings sieben, neben den genannten auch Uriel, Jehudiel, Sealtiel und Barachiel. Doch sowohl in der Tradition der Kabbala als auch in der russisch-orthodoxen Kirche nennt man die Namen weiterer Erzengel. Ich sehe darin immer wieder das Bedürfnis der Menschen, alles wissen zu wollen. Und gerade das »Wissen« spricht die Ebene des Verstandes an und führt uns weg vom Herzen, von dem aus wir mit den geistigen Welten kommunizieren.

Engel senden liebevolle, heilende und erhaltende Energie zu allem. Die Anwesenheit der Engel schenkt uns Liebe, Geborgenheit und inneren Frieden. Mit den Engeln in Kontakt zu sein erfüllt uns Menschen mit Freude. Sind wir jedoch zu verschlossen oder stecken ständig mit unseren Gedanken in unseren Problemen fest, kommen die heilenden und liebenden Energien der Engel nicht zu uns durch.

Wir lesen und hören, dass man die Engel um alles bitten kann, vom Parkplatz bis zum Geldsegen. Das scheint auch manchmal zu funktionieren. Doch es ist nicht die Hauptaufgabe der Engel, als Lieferanten von materiellen Dingen zu dienen. Sie machen uns schon mal die Freude, durchaus, doch ihr Aufgabegebiet liegt darin, dass sie unseren Entwicklungsweg unterstützen. Sie begleiten und leisten Hilfestellung bei unserem (Er-)Leben. Darüber hinaus weisen sie uns auch den inneren Weg. Sie erinnern uns daran, dass wir spirituelle Wesen sind. Und sie unterstützen uns mit Energien, die wir in bestimmten Situationen brauchen. Es ist, als ob wir an ihr Energiefeld andocken und dem unsrigen damit ein Upgrade geben könnten. Aus dieser veränderten eigenen Energiefrequenz heraus haben wir dann die innere Kraft und Möglichkeit, den Herausforderungen des Alltags anders und neu zu begegnen, Lösungen zu finden, Entscheidungen zu treffen und entsprechende Schritte zu setzen. Unser Leben wandelt sich.

Kurzanleitung für den Kontakt mit Engeln

Im Laufe der Jahre habe ich viele Meditationen gemacht, um mit Engeln in Kontakt zu treten. Im Nachhinein betrachtet dienten diese Meditationen eher dazu, dass ich die »Leitung« hin zu den Engeln manifestiert habe. Wenn ich im Alltag vor Herausforderungen stehe, Probleme lösen muss, Entscheidungen zu treffen habe, ist es nicht immer möglich, sich in eine Meditationsecke zurückzuziehen, die Kerze und Räucherstäbchen anzuzünden und Meditationsmusik aufzulegen. Im Alltag brauche ich schnelle und praktische Lösungen.

Hier teile ich meine »schnelle« Engelmeditation, mit der ich um Unterstützung bitte, mit dir.

Ich schließe die Augen und lege meine rechte Hand auf mein Herz. Die linke Hand drehe ich so, dass die Handfläche nach oben zeigt. Mit einigen tiefen Atemzügen stelle ich zwischen den zwei Handflächen eine Verbindung her. Ich atme über die linke Handfläche direkt hin zur rechten Handfläche, die Kontakt mit meinem Herzen hat. Ich öffne mich dafür, die universelle Energie als vibrierende Kraft in meinem Energiefeld zu spüren. Nach einigen Atemzügen visualisiere ich das Wort ENGEL in leuchtenden Großbuchstaben vor meinen inneren Augen. Das Licht der Buchstaben verstärke ich mit dem Atmen, bis die Buchstaben selbst dem Licht weichen. Das Licht definiere ich für mich als die Energie der Engelwesen. Dann reiche ich meine Frage, das Problem, die Situation direkt in das Licht hinein, als würde ich es dort platzieren.

Mit meinem Weiteratmen öffne ich mich dem Empfangen, und zwar ebenfalls über die universelle Kraft, die ich über die linke Handfläche hin zu meinem Herzen atme. In diesen Momenten bin ich weiterhin frei von Erwartung, ich widme mich nicht der Antwort selbst, sondern nur dem Empfangen. Erst einige Atemzüge später wende ich mich dem Raum in meinem Herzen zu, um mich der Antwort zu öffnen. Und welches innere Bild auch immer erscheint – ich nehme es voller Vertrauen an und setze es in meinem Leben um.

Manch einer mag an dieser Stelle fragen: »Ist die Antwort nicht nur eine Kreation des Verstandes?« Das kann passieren. Aber je mehr du dich mit einem offenen Herzen und einem ruhenden Verstand der Engelwelt zuwendest, umso eher wirst du selbst erkennen, wann es der Verstand ist, der kreiert, und wann es sich wirklich um eine Antwort der himmlischen Wesen handelt. Das Zweite geschieht viel öfter.

Heilige und Aufgestiegene Meister

Heilige sind Menschen, die eine hohe energetische Schwingung haben. Sie wurden als Helfer und Heiler im spirituellen Sinn geboren, um hier auf der Erde ihre Fähigkeiten für andere zum Einsatz zu bringen. Die »Heiligsprechung« erfolgt nach dem Tod durch die Institution Kirche, und zumeist begründet sich diese Auszeichnung in besonderen Verdiensten um den christlichen Glauben. Nicht selten war es der Einsatz für die christliche Kirche, der oftmals mit der Verfolgung oder dem Tod vergolten wurde. Doch wenn man hinter die Geschichten schaut, erkennt man, dass diese Menschen einen besonderen Auftrag im Dienste der Menschheit erfüllten und dass er Gültigkeit behält, unabhängig von der christlichen

Kirche. Auch heute noch vermitteln die Botschaften der Heiligen denselben Sinn wie damals. Die energetische Präsenz von Heiligen nehme ich als unendliche und absichtslose Schwingung wahr. Sie ist einfach da und für uns Menschen dahingehend dienlich, dass uns die heilige Energie hilfreich zur Seite steht, um unsere Wahrnehmungsmöglichkeiten zu verändern und auszuweiten.

Ähnlich wie die Heiligen nehme ich Aufgestiegene Meister wahr. Sie sind Bewusstseinsformen, die sich durch Menschen ausdrücken können, wenn diese dafür bereit sind. Aufgestiegene Meister lebten auf der Erde. Ihnen und den Heiligen sind daher die menschlichen Probleme, die Herausforderungen des Lebens, die Schwierigkeiten und das Dualitätserfahren der Menschen bekannt.

Dennoch ist ihre Mission meiner Wahrnehmung nach differenzierter. Sie arbeiten mit ihren speziellen Fähigkeiten und Aufgaben an der Integration der Menschheit in die neue Dimension, zumeist mit kollektiven Gruppen von Seelen und zu kollektiven Themen – der Zeit»geist« wird verändert. Mit anderen Worten, wenn man einen solchen Meister bei sich spürt, ist man mit Sicherheit nicht der Einzige, dem er beisteht. Das Anliegen von Aufgestiegenen Meistern besteht darin, der ganzen Menschheit zu helfen. Sie sind daher selten persönliche Guides, sondern wirken vielmehr für ein kollektives Feld. Das schließt aber nicht aus, dass manche Menschen einen Aufgestiegenen Meister ganz klar wahrnehmen können. Aufgestiegene Meister waren einst Menschen wie du und ich, sind nun aber reinste Lichtwesen. Sie verkörpern die wunderbare, mächtige, göttliche Gegenwart in hoher und reiner Form. Mit ihren jeweils erworbenen Fähigkeiten und Qualitäten helfen und begleiten sie uns Menschen auf unserem Entwicklungsweg und unterstützen uns darin, die Themen des Lebens zu transformieren. Wie bei den Erzengeln hat jeder Aufgestiegene Meister seine Aufgabenbereiche. Es gibt dazu eine Vielfalt an Literatur. Einige der Wesenheiten, die mir am wichtigsten sind, möchte ich kurz anführen:

Sananda: Er wird auch Jesus Sananda oder Christus Sananda genannt. Dies ist der »Schwingungsname« der Christusenergie. Er diente als Weltenlehrer und war einer der größten spirituellen Heiler, die je auf der Erde inkarniert waren. Jesus war der verkörperte Christus, er lebte, dachte und handelte ausschließlich im Bewusstsein der bedingungslosen Liebe. Er verkörperte das Christusbewusstsein.

Saint Germain: Er ist einer der faszinierendsten Aufgestiegenen Meister, man bezeichnet ihn als den Regenten des Wassermannzeitalters. Es heißt, dass er als Mensch in vielen Inkarnationen auftrat: als Merlin, der als britischer Magier zwischen dem 5. und 6. Jahrhundert König Artus betreute und beriet, als Rogner Bacon (1214–1294), ein englischer Philosoph und Naturforscher, als Christoph Kolumbus (1451–1506) sowie als Francis Bacon (1561–1626). Seine Hauptaufgabe ist die Umwandlung und Transformation des Karmas und aller negativen Energien, Belastungen, unerwünschten Emotionen, Manifestationen, Glaubenssätze und dergleichen. In Zusammenhang mit Saint Germain nennt man auch den »violetten Strahl« oder die »violette Flamme«: Sie hat eine stark transformierende Kraft und ist ein Geschenk von Saint Germain an die Menschen, die sie als wertvolles Werkzeug nützen können. Das violette Feuer transformiert in Licht und Liebe und bringt Heilung.

Lady Nada lebte in ihren Inkarnationen als Maria Magdalena und als Klara von Assisi. Sie ist die Meisterin der bedingungslos hingebenden Liebe. Sie hilft uns dabei, Frieden in uns zu entfalten und auch in Zeiten des Umbruchs in diesem Frieden zu bleiben.

Kwan Yin ist eine Meisterin aus China und lebte vor Tausenden von Jahren. Sie spendet in Zeiten der Not und Einsamkeit Trost und Gnade. Ihre Energie trägt die Schwingung des Mitgefühls, hilft dabei, schwierige Zeiten zu meistern, und lindert Seelenschmerz. Sie unterstützt uns dabei, die Liebe zu allem, was ist, in uns selbst wiederzufinden, die Kraft des Herzens zur Entfaltung zu bringen und Barmherzigkeit zu erfahren und zu leben. Mit ihrer Hilfe können wir uns auf eine sehr sanfte und liebevolle Weise von jeglichem Karma befreien.

Maha Cohan: Der Aufgestiegene Meister Maha Cohan steht jenen zur Seite, die ihre Visionen zum höchsten Wohle aller ausleben. Er ist der Meister der Meister. Seine Energie hilft dabei, in jeder Situation mit der Stimme der inneren Weisheit verbunden zu sein und sie wahrzunehmen. Die Energie von Maha Cohan stellt eine Verbindung her zu der Weisheit, die den Überblick hat und in Kontakt steht mit höherem Bewusstsein.

Pallas Athene ist eine weibliche Urkraft, die für Schönheit in allen Bereichen und die damit verbundene Fülle steht. Sie verbindet Logik und Intuition, Denken und Gefühl, rechte und linke Gehirnhälfte, weiblich und männlich, Yin und Yang, Wissenschaft und Kunst. Sie öffnet den inneren Reichtum, sodass wir die Fülle auch außen erkennen und genießen können. Mit ihrer energetischen Unterstützung können wir der Welt wieder offen, verspielt und voll Lebensfreude begegnen. Sie heilt das innere Kind.

Kuthumi lebte in seiner letzten Inkarnation als Kut Humi Lal Singh in Punjabi, Kashmir. Er war Brahmane und wird beschrieben als Meister der Weisheit aller Zeiten, als geduldig und sanftmütig. Zuvor, sagt man, lebte er in seinen Inkarnationen u. a. als Thutmosis III. (1486–1425 v. Chr.), Prophet der Pharaonen, als Pythagoras (570–510 v. Chr.), als hl. Franz von Assisi (1182–1226) und ließ als Shah Jahan (1594–1666) das Taj Mahal in Agra erbauen. Die Energie von Kuthumi verbindet mit der Energie und dem Wissen der Erde. Sie hilft uns, wieder in Einklang zu kommen mit unserem Körper und mit der Erde und dadurch »mit beiden Beinen auf dem Boden zu stehen«. Sie lehrt Geduld und realistische Wahrnehmung. Die Energie von Kuthumi vertieft das Verständnis für die Zusammenhänge und Wechselwirkungen zwischen Körper, Aura und Umgebung. So können die feinstofflichen Anteile und Wesenheiten hinter dem grobstofflichen Erscheinungsbild leichter wahrgenommen werden.

Geistführer

Bei meinem eigenen Zugang zu den anderen Welten waren es nach den Engeln meine Geistführer, die mir bald vertraut wurden. Ich erlebe sie als Seelen, die in ihrer Entwicklung weiter sind als wir Menschen. Doch sie sind uns sehr nahe, da sie auch als Menschen inkarniert waren, und deshalb kennen sie menschliche Ängste, Probleme, Versuchungen und Schwächen. Es kann durchaus vorkommen, dass ein Geistführer jemand ist, den wir aus einem früheren Erdenleben kennen. Vielleicht hat er für seine weitere Entwicklung die Aufgabe bekommen, den Menschen dienend zur Seite zu stehen, als eine geistige Präsenz, die so weit entwickelt ist, dass sie unseren Geist leiten und uns auf unserem Seelenweg begleiten kann. Ich bin davon überzeugt, dass wir uns auf einer anderen Ebene kennen, dass sich meine Seele vor ihrer Inkarnation dem Geistführer anvertraut hat. Geistführer haben durchaus keinen einfachen Job. Sie kennen unseren Lebensplan und versuchen immer wieder, uns dorthin zu führen.

Dabei haben wir jederzeit die Wahl, und die Verantwortung für unser Tun bleibt ebenfalls bei uns. Die Geistführer nehmen uns die Arbeit an unserer Seelenentwicklung nicht ab. Sie kommen ihrer Aufgabe nach, uns auf dem Weg zu führen und zu halten, indem sie über Zeichen, Signale und Zufälle mit uns kommunizieren. Die Geistführer sind mein spirituelles Helferteam und mir auf eine besondere Art und Weise auch näher als die Engel. Ich nehme sie in einer anderen Energiefrequenz wahr, man könnte sagen, irdischer, menschlicher. Geistführer erlebe ich als eine Art »Reisebegleiter«. Sie achten auf den Weg und das Ziel, haben die Umwege im Auge, sind aber sehr bestimmt darin, dass wir nicht aufgeben und vom Plan abweichen. Man kann es damit beschreiben, dass sie Informationen und die »Felder« vergleichen – jene, die wir vor der Inkarnation vorab definiert haben, mit jenen, die wir nun alltäglich erleben. Unsere Geistführer beraten uns, mahnen uns, wenn notwendig – aber in erster Linie unterstützen sie uns.

Engel beschützen und begleiten uns eher. Die Geistführer stellen uns dagegen Information zur Verfügung. Wenn wir mit ihnen über den Weg der Meditation in Kontakt sind, dann verankern sie ihre Energie in uns und übertragen sozusagen all ihr Wissen direkt in unser Unterbewusstsein, damit es zum gegebenen Zeitpunkt an die bewusste Oberfläche gelangen kann. Die Geistführer verfügen über ein enormes Wissensfeld. Wenn wir bewusst mit ihnen Kontakt aufnehmen, dann können wir an dieses Wissensfeld andocken und es abrufen, sodass wir selbst auch darauf zugreifen können. Dieser Prozess ist abhängig von unserem eigenen Energiepotenzial und davon, welche Schwingung wir selbst haben, wie »dicht« oder wie »durchlässig« wir sind. Dies ist stets im direkten Zusammenhang mit der Gestaltung unseres Lebens zu sehen, und es kommt darauf an, wie sehr wir uns erlauben, in Verbindung zu unserem Geistführer zu sein, auch und vor allem während unseres Alltagsbewusstseins. Ich habe den engen Kontakt zu meinen Geistführern als einen wichtigen Schritt hin zu einem bewussten und hellen Leben erfahren.

Spirituelle Familie

Lange Zeit war der Begriff der spirituellen Familie für mich nicht richtig greifbar. Ich konnte sie nicht wahrnehmen, ich spürte wohl, dass es sie gibt, und ich hatte auch innere Bilder dazu. Doch die Verbindung im Alltag herzustellen war schwierig. Letztlich kam ich zu der Erkenntnis, dass mich das Wort »Familie«, so, wie ich es selbst in meinem Leben definiere, eingrenzte. Die spirituelle Familie ist eine Gemeinschaft jenseits von Zeit und Raum. Ich habe für mich entdeckt und erfahren, dass Mitglieder der spirituellen Familie Teil meines irdischen Lebens sein können. So begegne ich hier »Schwestern« und »Brüdern«, aber auch Energiequalitäten, die sich sehr mütterlich oder väterlich anfühlen. Wenn ich mich auf unsere gemeinsame Seelengeschichte einlasse und sie »lese«, dann erkenne ich zumeist, dass wir bereits in einer anderen Inkarnation eine gemeinsame Geschichte hatten. Einen meiner liebsten Freunde erkannte ich als Vater aus einem früheren Leben, mit einem meiner Kinder war ich in einem früheren Leben ein Liebespaar. Meine beste Freundin heute, ich nenne sie auch meine Seelenschwester, war in einem vorangegangenen Leben wirklich meine Schwester. Sie hat mich in dieses Leben begleitet.

Die Verbindung zu Mitgliedern der spirituellen Familie ist weniger ein Thema von Karma, also dass man miteinander noch eine »Geschichte zu lösen«, miteinander etwas zu lernen hat. Die spirituelle Familie hat in erster Linie den Auftrag, die Liebe und die Aufmerksamkeit mit uns zu leben. Durch sie sind wir nie allein. Ganz oft unterstützen diese Menschen uns in einer wichtigen Phase unseres Lebens. Manche begleiten uns ein Leben lang in derselben Intensität, andere sind eher eine Zeitlang an unserer Seite oder zeigen sich als Unterstützer und Partner, indem sie uns behilflich sind, unsere Berufung umzusetzen: zum Beispiel als Förderer und Gönner – jene, die an uns glauben und uns Mut machen.

Unsere menschlichen Begrenzungen erschweren es uns oftmals, die Tiefe, die die Seelenfamilie anbietet, auszuschöpfen. Wir tragen fixe Vorstellungen und Bilder in uns, wie Beziehungen und Freundschaften auszusehen haben. Alles, was davon abweicht, macht uns Angst, es erzeugt Unsicherheit oder Eifersucht. Zum Beispiel ist für viele schwer vorstellbar, dass zwischen einem Mann und einer Frau eine tiefe Liebesbeziehung besteht, die fern von Erotik und Sexualität existiert. Selbst eine Freundschaft im herkömmlichen Sinne zu führen, wäre zu oberflächlich, es würde uns von der Möglichkeit der Tiefe der Seelenfamilie fernhalten, und wir würden einander nicht in der Wahrhaftigkeit erkennen.

Ich bin überzeugt, dass wir mit dem Bild der spirituellen Familie unsere vertrauten Lebenssysteme von Partnerschaft, Beziehung, Familie und Freundschaft in der Zukunft erweitern werden. Zu erkennen, dass wir uns »Begleitung mitgebracht haben«, die uns inspiriert, unterstützt und fördert, kann unsere Möglichkeiten und Fähigkeiten enorm bereichern. Wie ich bereits dargelegt habe, ist die spirituelle Familie ein Konzept jenseits von Raum und Zeit. Dies bedeutet auch, dass wir Energiefelder teilen. Der Freund, der mir bereits ein Vater war, ist in diesem Leben ein bekannter Autor. Über unsere spirituelle Familienbeziehung bietet er mir auch seine Energie an, ähnlich wie das die Engel oder andere Spirits tun. Dies bedeutet in diesem Beispiel, dass er mir seine Fähigkeit des Ausdrückens und Schreibens über unser gemeinsames Energiefeld zur Verfügung stellt. Ja, das mag »speziell« klingen – aber ich bin mir 100 Prozent sicher.

Unsere spirituelle Familie bewegt sich nicht nur innerhalb der Grenzen dieses Lebens. Die Menschen, die mit und für uns sind, müssen nicht unbedingt noch in dieser Welt am Leben sein. Ich spreche von Verstorbenen oder von Menschen, die nicht zur selben Zeit leben. Dies beinhaltet auch die Beschreibung »jenseits von Raum und Zeit«. Dazu möchte ich einige Beispiele anführen: Mein jüngerer Bruder ist 2004 verunglückt, seither hab ich ihn als einen Lehrer an meiner Seite. In gewisser Weise führt er mich auch an für mich bedeutende Plätze und zu bedeutenden Menschen, allem voran nach Korfu. Nach seinem Tod und durch ihn wurde meine griechische Weltseele lebendig. Während seines Lebens hatten wir nie die Nähe und tiefe Verbundenheit wie nach seinem Fortgehen. Dies ist auch nicht einem Trauerprozess zuzuschreiben. Ich erlebe ihn heute als einen meiner Spirits.

Eine andere Erfahrung mit einem meiner Spirits hatte ich über viele Jahre. Es war eine englische Stimme, die innerlich mit mir kommunizierte und mir in vielen Lebenslagen ganz unkompliziert Hinweise gab, zumeist in eher alltäglichen Situationen. Erst war ich sehr amüsiert über eine englische Kommunikation. Ich hatte Englisch wohl in der Schule gelernt, dann aber nie wieder im Alltag in Gebrauch. Über die Jahre wurde mir dieser Spirit sehr vertraut. Eine sehr verlässliche Seele, sehr sicher in der Situation und mir sehr liebend zugetan, so würde ich es beschreiben. Diese Präsenz war stets da, die Informationen passten immer. Über viele Jahre waren wir ein verlässliches Team. Mein Leben als Autorin und Seminarleiterin führt mich an viele Plätze und zu vielen Begegnungen. Über eine dieser Begegnungen entwickelte sich eine Freundschaft, in der ich bald die Tiefe einer spirituellen Beziehung erkannte. Und als ich darin »las«, zeigte sich mir mein Englisch sprechender Spirit. Bis heute sind wir einander in tiefer Liebe verbunden, und noch immer kommunizieren wir »über das Feld« in englischer Sprache. Es ist für mich gut nachvollziehbar, dass dies unglaublich klingen mag, denn das ist es auch für meinen menschlichen Geist und meinen Verstand, der verstehen und wissen will sowie Beweise erhalten möchte. Man darf sich das auch nicht so vorstellen, dass ich mit diesem Spirit per Gedankenübertragung kommuniziere und ihn schnell mal auf telepathischem Wege frage, wie das Wetter bei ihm so ist. Diese irdische Ebene braucht die herkömmliche Kommunikation, das vis-à-vis oder zumindest Telefon oder E-Mail. Aber dort, wo es um Unterstützung geht, um Aufmerksamkeit und Liebe für den Weg auf der Seelenebene, bleibt ein Begleiter meiner spirituellen Familie verlässlich an meiner Seite, solange es sein Auftrag ist. Es kann lebenslang sein, muss aber nicht.

Ich erkannte mehrere der »normalen« Menschen als meine spirituellen Begleiter. Nicht allen erzähle ich davon, weil ihr menschliches Dasein im Moment damit nichts anfangen könnte. Aber die Seelenebene eines Menschen ist sich dessen bewusst. Im Alltag kann mir eine liebe Bekannte eben genau das sein – und zugleich auf der Seeleneben eine Seelenschwester, die als Spirit mit mir kommuniziert, ohne dass sie davon weiß.

Selbst die Kommunikation muss nicht immer jenseits von Raum und Zeit sein. Manche Seelenschwester ist mir einfach nur Seelenschwester, taucht aber nie in der Ebene der übersinnlichen Begegnung auf. Dennoch gehen wir unseren alltäglichen Weg als Schwestern, und ich weiß, sie ist Teil meiner Seelenfamilie.

Der Vollständigkeit halber möchte ich hier anführen, dass uns auch Seelen begleiten und unterstützen können, die wir nie getroffen haben. Doch die Vertrautheit zu ihnen ist zu spüren, die Wahrnehmung ihrer Energie ist vorhanden.

Vorfahren

Auf seelischer Ebene verbindet sich der Mensch mit den Energien seiner Vorfahren, Ahnen und Heiligen. Wir tragen die Energien unserer Vorfahren in uns, nicht nur die aus unserer direkten Linie, sondern immer auch das kollektive Feld der Generationen. Während wir in unserem Leben beeinflusst werden von allem, was uns umgibt, wie unsere Erfahrungen Teil des morphischen Feldes sind, gilt selbiges auch für unsere Ahnen. Sie waren stets mit der Geschichte ihrer Zeit verbunden. Die Erfahrungen, die sie darin gemacht haben, stehen auch uns zur Verfügung, und wir können davon profitieren.

Ich meine damit nicht Karma oder belastende Geschichten, denn als Spirits dienen unsere Vorfahren uns als Begleiter und Unterstützer. Sie stehen uns zur Seite, wenn wir sie rufen und sie in unser Leben einladen. Sie stärken uns, bringen Mut und verbinden uns oftmals mit dem Vertrauen, das uns fehlt. Sie bringen damit auch verschüttetes Wissen und Möglichkeiten in unser Leben zurück. Manche unserer Vorfahren begleiten uns von sich aus, wie schützende Wesen. Ich selbst darf diese Erfahrung mit meiner Großmutter machen, und auch mein Bruder zeigt sich immer wieder an meiner Seite. Es ist selten so, dass ich sie rufe, sie sind eher plötzlich da.

Die Verehrung und Anbetung der Ahnen ist auf der ganzen Welt verbreitet. Die Gepflogenheiten und Rituale sind verschieden; in manchen Kulturen werden Ahnen auch als Gottheiten verehrt.

Von Verstorbenen nimmt man an, dass sie große Macht ausüben, besondere Kräfte haben, dass sie auf den Lauf der Ereignisse Einfluss nehmen und das Wohlergehen ihrer Nachkommen beeinflussen können. Sie bieten der Familie Schutz, denn deren Zusammenhalt ist eines der wichtigsten Anliegen der Verstorbenen. Manchmal betrachten die Lebenden ihre Vorfahren als »Schutzengel«, die sie vor Unfällen bewahren oder auf ihrem Lebensweg leiten. Manchmal werden Vorfahren als Vermittler zwischen Gott (und/oder Gottesaspekten bzw. Gottheiten) und der Familie, die sie zurückgelassen haben, betrachtet. Man glaubt, dass sie bei Gott, Heiligen und Gottheiten für das Wohl der Familie Fürsprache einlegen.

Ritual zur Wahrnehmung »Ich bin nicht allein«

Wenn dir der Alltag schwierig und das Leben mühsam erscheinen, hast du vielleicht manchmal das Gefühl, ganz alleine zu sein, von allen Mächten im Stich gelassen zu werden. Dem ist nicht so. Niemand von uns ist allein unterwegs. Bist du zum Beispiel in einem beliebten Park oder einem schönen Biergarten sonntags alleine unterwegs, sind da vermutliche viele Menschen, die den Park, den Biergarten ebenso genießen. Wir sind alleine und doch nicht. Um Gesellschaft zu haben, braucht es vielleicht ein bisschen Mut, jemanden anzusprechen.

Ähnlich können wir es uns mit den lichten Wesenheiten vorstellen. Es ist immer jemand um uns. Wir sind nie allein, aber wir müssen selbst Kontakt mit ihnen aufnehmen. Ich habe mir dieses Ritual angewöhnt, gerade in Zeiten, wo ich mich verlassen fühle, mich nach Begleitung und Unterstützung sehne (siehe auch meine Notfallliste).

Du brauchst dazu nur ein bisschen Ruhe, um nach innen zu gehen. Dann schließe deine Augen, und nimm in deinem Herzensraum Platz. Für mich ist es dort wie in einem Tempel oder einer Kathedrale. Ich bitte die himmlischen Freunde und Begleiter zu mir in den Raum und ersuche sie, sich in einem Kreis um mich herum zu platzieren. Meiner inneren Wahrnehmung erlaube ich, diese Lichtgestalten zu sehen. Oftmals ist dies schon ausreichend, um das Gefühl zu verändern und zu spüren, dass ich nicht allein bin.

Manchmal habe ich auch das Bedürfnis zu erfahren, wer da ist. Dann fühle ich zu diesen Lichtgestalten hin und bitte sie, mir einen Gedanken oder einen Impuls zu schicken, um wissen zu dürfen, wer sie sind. Ganz oft ist mein verstorbener Bruder bei mir. Aber ebenso können es Engel, meisterliche Wesenheiten oder andere Spirits sein.

Tiergeister

Viele Kulturen kennen Tiere als spirituelle Begleiter. Tiere in der Gedankenwelt des spirituellen Alltags einen Platz finden zu lassen bedeutet, ein anderes Verständnis der Zusammenhänge zwischen Mensch und Schöpfung zu erlangen. Krafttiere nehmen eine zentrale Rolle im spirituellen Leben ein. Die Kenntnis um dieses Tierenergien und die Verbindung zu ihnen ist sehr hilfreich für das Entdecken der eigenen Kraft und der eigenen Entwicklung. Und umgekehrt kann das Getrenntsein von der Kraftwelt der Tiere den Menschen auch in seiner eigenen Kraft und Energie blockieren.

Ich glaube an Tiergeister und meine damit den »Geist« eines Tieres, seine Energie, anders ausgedrückt – Tierenergien und Krafttiere. Der Begriff Krafttier ist vorwiegend aus dem schamanischen Umfeld bekannt. Ein Krafttier ist eine Energieform, die die Eigenschaften des jeweiligen Tieres vereinigt. Es handelt sich nicht um ein spezielles Tier, sondern um den Archetyp des Tieres, also das, was alle Individuen einer Tierart verbindet. Dein Krafttier hat eine persönliche Beziehung zu dir als dem Menschen, den es begleitet, und es bleibt unter Umständen ein Leben lang bei dir. Es ist dein spiritueller Wegbegleiter und Seelengefährte. Bei manchen Menschen wechselt mit inneren und äußeren Entwicklungen auch das Krafttier. Und einige wenige haben nicht nur ein Krafttier, das sie das ganze Leben lang unterstützt, sondern mehrere Tiergeister, die sie begleiten. Diese Beschützer kannst du mit deiner Intuition erfahren und spürbar machen. Das Krafttier kann konkrete Informationen darüber liefern, wie du dich am besten mit einer bestimmten Situation auseinandersetzt, oder es kann dir auch einen leichten Schubs in die richtige Richtung geben. Dein Krafttier ist deine innere Stimme, deine Intuition. Sieh durch seine Augen, um deinen Weg zu finden. Es kann dir Kraft geben, besonders in Zeiten, in denen Entscheidungen oder Veränderungen anstehen.

In meinem Ansatz der Energiearbeit gibt es auch Helfertiere. Das Krafttier ist mit unserer persönlichen Kraft verbunden, das Helfertier kommt für einen bestimmten Zeitraum, für einen bestimmten Zweck oder für eine bestimmte Aufgabe, bei der die Fähigkeiten gebraucht werden, die dieses Tier besitzt. Wassertiere gelten als Heiler. Lufttiere werden mit Führungsqualitäten assoziiert. Sie weisen uns oftmals neue Aussichten und Wege oder unterstützen uns darin, dies für andere zu tun.

Es ist schon viele Jahre her, dass ich mehr oder weniger durch Zufall einer Zeremonie beiwohnte, in der sich uns das Krafttier zeigen sollte. Für mich war das damals ganz neu und irgendwie auch befremdlich. Es wurden schamanische Rituale sowie eine Pfeifenzeremonie durchgeführt, und das Krafttier wurde gerufen. Der Schamane übermittelte die Botschaften. An meiner Seite sollte ein schlafender Bär sein. Ich war skeptisch. Wer möchte als Krafttier schon einen schlafenden Bären an seiner Seite haben? Dementsprechend wenig beeindruckt war ich von der Begegnung. Im Rückblick allerdings wandelte sich dieses Bild. Ich spüre heute noch die kraftvolle Energie, die mich erfüllte, auch wenn ich mich selbst damals verschloss. Ich war damals tatsächlich schlafend, und in den Jahren danach ist ganz viel in mir erwacht. Sehe ich heute auf die Zeit zurück, kann ich nur sagen – ja, schlafender Bär! Er ist das Tier, das mich begleitet und das immer und immer wieder erwacht und all seine Kraft meinem Leben und den Projekten meines Lebens zur Verfügung stellt.

Naturkräfte

Die Natur ist eine nie versiegende Quelle der Energie. Damit meine ich Kräfte, die über ihre Schönheit hinausgehen. Ich nehme sie als transformierende Energien wahr, die die Schöpfung uns anbietet, um uns in unserem Leben zu unterstützen, um zum Wandel unseres Seins beizutragen.

Früheren Völkern war die Existenz bewusster Lebensformen hinter der für uns sichtbaren Materie eine Selbstverständlichkeit. Es ist bekannt, dass alle Völker an Geistwesen glaubten, die sie in der Natur wahrnahmen. Sie suchten bei ihnen Hilfe, verehrten sie, erwarteten von ihnen Fruchtbarkeit und Wohlstand und versuchten, sie auf verschiedene Art und Weise milde zu stimmen. Ebenso bekannt ist, dass es zu allen Zeiten Menschen gab, die nach ihren eigenen Schilderungen die Natur als beseelt erlebten. Naturvölker, Schamanen, aber auch die naturbewussten Menschen unserer Gegenden wussten schon immer um die heilsamen Kräfte.

In der modernen Gesellschaft leben viele Menschen heute getrennt von der Natur. Industrie, Technisierung, überbetonter Intellekt, Zeitnot – all das trägt dazu bei und oft auch der Umstand, dass viele Menschen die Naturkräfte als zu banal empfinden. Viele Probleme der Gesellschaft und die Ausbeutung unseres Planeten haben als Ursache die fehlende Verbindung der Menschen zur Natur. Um zur Heilung des Ganzen beizutragen – des individuellen Menschen ebenso wie des kollektiven Systems der Gesellschaft –, muss die Einheit zwischen Natur und Mensch wiederhergestellt werden.

Die aktuellen Zeitqualitäten wirken als Energien des neuen Bewusstseins und lassen die Menschen dort und da erwachen. Sie zeigen auf, dass die Natur spirituelle Reichtümer in sich birgt.

In der Natur erlebe ich kraftvolle Plätze. Diese müssen nicht unbedingt als solche gekennzeichnet sein und können von Mensch zu Mensch durchaus individuell wahrgenommen werden. Jeder Ort, egal ob in der Natur oder einem Gebäude, besteht aus einem Muster bestimmter Energien. Es sind die energetischen Schwingungen in Resonanz mit den Menschen, die in diesem Moment des Daseins aufeinandertreffen, sodass wir sie für uns als Kraftfeld wahrnehmen und als Kraftplatz bezeichnen. Wenn wir uns auf einen Platz einlassen, uns für die Energien öffnen, dann kann er mit uns kommunizieren. Ich erlebte dies zuletzt in Südfrankreich auf einem sehr alten Ritualplatz, der mir später in einer Meditation »erschien« und mir »erklärte«, welche Energien er für das neue Bewusstsein in sich birgt. Ich bin überzeugt davon, dass jeder Mensch diese Fähigkeit in sich trägt, nur die eigene Offenheit dazu unterscheidet uns voneinander.

Auch Pflanzen und Bäume wirken als Wesenheiten. Bäume sind uns im Alltag nicht nur spirituelle Ratgeber und Lehrer, sondern vor allem auch stets Kraftquelle. Wir können die Kraft der Bäume spüren. Wenn wir einen Spaziergang durch die Landschaft machen, auf das Rauschen der Blätter lauschen und uns der Natur zuwenden, ihren Wandel verstehen, dann wird sich auch die Natur uns öffnen, uns ihre Weisheit lehren und ihre Kraft spüren lassen.

In meiner Nähe gibt es eine Allee. Eine Zeitlang ging ich täglich auf diesem Weg zu meiner sterbenden Großmutter. Ich erlebte jeden einzelnen Baum in einer anderen Qualität, und sie alle haben mein Energiefeld mit dem genährt, was ich für den Besuch brauchte: Gelassenheit, Offenheit, Vertrauen. Auf dem Weg zurück sorgten sich die Bäume um mein Energiefeld und »kümmerten« sich um die Emotionen, die ich in mir trug, die Traurigkeit, die Angst, die Einsamkeit, den Schmerz. Seit jener Zeit sind mir Bäume liebevolle Gefährten, mehr denn je und einerlei, wo ich mich auf der Welt befinde. Wenn ich neue Qualitäten an Baumenergien kennenlerne, ohne sie benennen zu können, habe ich stets das Gefühl, sie sind Freunde meiner Freunde und heißen mich willkommen, als sei ich angekündigt gewesen von meinen Freunden aus der Heimat.

Elementarkräfte

Auf den vier Elementen beruht alles Leben. Auch Hildegard von Bingen erkannte schon vor fast 1000 Jahren die fundamentale Bedeutung dieser Elementarkräfte: »Feuer, Luft, Wasser und Erde sind im Menschen, aus ihnen besteht er. Vom Feuer hat er die Wärme, Atem von der Luft, vom Wasser Blut und von der Erde das Fleisch; in gleicher Weise auch vom Feuer die Sehkraft, von der Luft das Gehör, vom Wasser die Bewegung, von der Erde das Aufrechtgehen.«

Wir tragen alle Qualitäten der Elemente in uns. Sie können sich gegenseitig verstärken, behindern, neutralisieren oder auch potenzieren. Fehlt ein Element in uns oder ist nur ein kleiner Teil davon da, sind wir unausgeglichen und nicht mehr in unserer ganzen Kraft.

Es ist die Dynamik des menschlichen Lebens, die wir dabei beobachten können. Wenn wir um die Möglichkeiten der Elementarkräfte wissen, können wir sie auch nutzen und zu einer inneren Balance beitragen, um unserem Leben die Leichtigkeit und das Licht zu schenken.

Wasser ist das älteste und mächtigste Element. Es ist die Grundlage – elementar für den Äther und stofflich für jede feste Substanz. Schwebend zwischen Äther und Erde, ist es mit beiden auf ganz unterschiedliche Weise verbunden. Man nennt es den »körperlichen Ursprung aller Dinge«, da es die Grundsubstanz aller Samen enthält. Die Energien der Wasserqualität begleiten uns bei allen Themen von Entwicklung, Veränderung, Wachstum, Erfahrung, Erkenntnis, Vertrauen – und umgekehrt: Wenn wir uns gerade in solchen Prozessen befinden, können wir die Energien des Wassers anrufen oder Plätze am Wasser aufsuchen. Diese Energien nähren unser Energiefeld, sodass wir in den notwendigen Entscheidungen und Schritten im Alltag vorankommen.

Genauso unterstützen uns die anderen Qualitäten: Die Energie des Feuers steht für Neuanfang, Durchbruch, Schöpfung, Unterscheidung, Begeisterung und Veränderung. Darüber hinaus schenkt das Feuer uns eine aktive Energie für Vitalität, Tatendrang und Kraft. Geht es um die Themen von Kommunikation, Ruhe, Besonnenheit, Reflektion, Bestandsaufnahme und Erkenntnis, sind es die Luftenergien und Luftwesen, die uns bei unseren Prozessen unterstützen. Verbinden wir uns mit den Energien der Erde, bekommen wir Begleitung für alle Themen der Reife, Verantwortung, Stärke, Ausgleich, Wissen, Kompetenz, Mut, Stabilität und Beständigkeit.

Bei allen vier Elementen geht es immer um Verwandlung und Veränderung. Dies ist einfach zu erklären, denn der Prozess des Lebens ist stets in Bewegung. Stillstand und ein Ziel sind in diesem Sinne nicht vorgesehen. Steter Wandel und Veränderung dagegen liegen in der Natur der Sache. Auch wenn wir es manchmal gern anders sehen, denn wir würden am liebsten ein Ziel anvisieren, es erreichen, und alles wäre gut. Doch das Leben lehrt uns etwas anderes. Wir erreichen ein Ziel, meinen, es nun geschafft zu haben, und dürfen erkennen – es geht weiter.

Anrufung der Elementarkräfte

Ich rufe den Wind des Nordens, die Energien der Erde, meinen Gefährten.

Ich rufe den Wind des Südens, die Energien des Feuers, das mich wärmt.

Ich rufe den Wind des Westens, die Energien des Wassers, die mich nähren.

Ich rufe den Wind des Ostens, die Energien der Luft, die mir Neues bringen.

Naturwesen sind ebenso Lebensformen auf dem Planeten Erde wie Menschen und Tiere. Sie leben in den feineren Schichten der Stofflichkeit und betätigen sich dort als Naturkräfte (Elementarkräfte), deren Auswirkungen wir überall in der Natur beobachten können. Aus diesem Grund werden sie in der Literatur oft auch als Elementarwesen bezeichnet, da man sie – je nach beobachteter Wirkung – dem Feuer, dem Wasser, der Luft oder der Erde zuordnet.

Ich gehe davon aus, dass es noch andere Energien und Wesenheiten gibt und dass diese Auflistung der hier genannten Engel, Götter und Wesenheiten nicht vollständig ist. Ich erhebe keinen Anspruch darauf, hier eine komplette und vollendete Liste zu erstellen, sondern möchte von meinen Erfahrungen berichten. Die genannten Energien sind jene, die mich in meinem Alltag begleiten. Nicht immer sind alle gleich intensiv und gleich präsent. Aber sie kehren immer wieder, je nachdem, wie sich ein Tag mit seinen Themen und Entwicklungsschritten gestaltet.

Bring die Wahrheit ans Licht

Du möchtest dein Leben mit Licht erhellen – dann betrachte es zuerst einmal bei Licht. Und zwar in Ruhe. Mit diesen

Übungen wollen wir immer wieder innehalten und uns besinnen auf das, was ist, und auf das, was sich ändern soll. Auch dich führt dein Leben nicht zufällig zu diesem Buch. Unsere gemeinsame Gedankenreise soll auch in dein Leben Veränderung bringen. Besinne dich jetzt für einen Moment, und schenke dir die Zeit, um für dich zu reflektieren:

Glaubst du, dass es möglich ist, mit Wesenheiten in anderen Ebenen in Verbindung zu sein?

- Wenn nein, welche Gedanken halten dich davon ab?
- Wenn ja, hast du schon Erfahrung mit solchen Begegnungen, wie haben sie sich gestaltet?
- Gibt es eine Wesenheit, die dir besonders vertraut ist?
- In welchen Situationen sind dir diese Kontakte ein besonderes Bedürfnis?
- Wie könntest du die geistigen Wesen noch mehr in deinen Alltag einbinden?

Meditation und Stille als Weg nach innen

»Was ist heute noch alles zu tun? Ich darf ja nicht vergessen, das Sakko aus der Reinigung zu holen, das hat er mir extra aufgetragen, und einen Termin bei der Hautärztin brauche ich auch. Die Tante Marie hat Geburtstag, hoffentlich hab ich ihre neue Telefonnummer notiert ... Die Gedanken schießen mir nur so durch den Kopf. Kaum habe ich beschlossen, innerlich abzuschalten und Stress abzubauen, geht's schon los – da tauchen Gedanken auf, die ich im Alltag kaum denke. Und jetzt, da ich meditieren möchte, brauche ich sie auch nicht. Es soll doch Stille sein, während der Zeit, die ich mir widme, die ich mit Meditation verbringen möchte. Und wenn da schon Gedanken sein müssen, dann hätte ich gern ganz besondere, voller Weisheit, Erkenntnis und Erwachen. Aber nicht diese Banalitäten, die ich im Alltag zu verdrängen weiß. Und schon überhaupt nicht will ich an Bügelwäsche denken, warum klappt das nicht mit dem Bild des ruhigen Sees, wieso sehe ich keine Engel?«

Ich höre meiner Freundin aufmerksam zu, während sie erzählt. Ja, ich kann mich gut erinnern, so war das bei mir am Anfang auch. Und sogar noch schlimmer. Eine liebe Bekannte lud mich zu ihren Meditationsabenden ein. Ich mochte sie und ging deshalb hin, weniger wegen der Meditationen selbst. Wenn ich ganz ehrlich bin, nervten mich ihre Meditationen. Die Bekannte führte durch innere Reisen, deren Bilder nicht zu mir passten. Ich musste mich konzentrieren, um während der Zeit der Stille nicht einzuschlafen. Das wäre mir peinlich gewesen. Aber vielleicht war ich auch deshalb erfolgreich im Nichtein-

schlafen, weil ich diese ganze Meditiererei anstrengend fand. Alleine schon das Sitzen. Mein Rücken schmerzte, und ich wusste nie wohin mit Armen und Beinen. Von wegen elegante Meditationshaltung, die man immer auf Fotos sah. Meine Beine schliefen ein, und hielt ich die Hände in Fingermudras, verkrampften sich nicht nur die Arme, sondern auch Schultern und Nacken schmerzten bald. Erzählt habe ich niemandem davon. Auch die Feedback-Runden nach der Meditation gingen mir auf die Nerven. Was die Teilnehmer erzählten und wie sie die Geschichten analysierten, schien mir doch sehr an den Haaren herbeigezogen. Ich mochte es nicht, wenn jemand in meine Bilder etwas hineininterpretierte. Ich wehrte mich innerlich dagegen, äußerlich sowieso – und ließ keine Diskussion aus. Stets ging es um »Heilung«. Ich fühlte mich nicht krank, also brauchte ich keine Heilung. »Weißt du, ich kann mich gut erinnern«, wende ich mich meiner Freundin zu, »anfangs ging es mir ähnlich wie dir. Heute möchte ich die Zeit der Meditation nicht mehr missen, sie gibt mir innere Verbindung und meinem Alltag Tiefe. Sie ist mir liebgewordenes tägliches Ritual.« Meine Freundin sieht mich erwartungsvoll an – ich erkenne, sie wünscht sich Unterstützung …

Meditation ist ein fester Bestandteil in meinem alltäglichen Leben. Kein Tag beginnt ohne sie, kein Tag vergeht ohne sie. Meditation stellt für mich die Verbindung zwischen innerer und äußerer Welt dar. Wenn ich meditiere, verbinde ich mich mit meiner inneren Quelle. Mein Anspruch an diese Gedankeneinheit ist nicht, mich zu entspannen, es ist keine Wellness-Insel für meinen unruhigen Geist, sondern die Brücke in meine innere Welt, wo ich mir selbst begegne. Der geschäftige Alltag des Lebens verführt mich nur allzu oft dazu, allen anderen zu begegnen, aber nicht mir selbst. Ich reihe mich viel zu oft hintan. Wenn man sich nur mit der Außenwelt beschäftigt, kann man leicht an ihr zerbrechen. Die meisten von uns sind im Alltag stark gefordert. Unzählige Informationen stürzen auf uns ein, fast jeder steht unter Stress, Erfolgs- und Leistungsdruck tun ihr Übriges. Unser Geist ist sozusagen ständig in Action, und das ewige Geschnatter im Kopf nimmt bei vielen Menschen nie ein Ende, auch nicht nach Feierabend. Zeit für Entspannung und Besinnung nehmen sich die wenigsten. So verbrauchen wir aber schnell unsere inneren Reserven, unsere Leistungsfähigkeit und Lebensfreude nehmen ab – im schlimmsten Fall brennen wir aus. Weise Menschen aus allen möglichen Ländern und Kulturen kennen seit Tausenden von Jahren ein wirksames Rezept, um den Geist zur Ruhe zu bringen: Die einen nennen es Meditation, die anderen Versenkung oder auch Gebet. Es geht im Prinzip immer um das Gleiche – nämlich darum, Sorgen und Ängsten, loszulassen, sich nur noch auf das pure Sein zu konzentrieren. Meditation ist eine Fähigkeit, die jeder erlernen kann. Es mag uns zwar besonders in Stresszeiten wie ein Wunder vorkommen, einfach nur ruhig mit leerem Geist dasitzen zu können, aber dahinter stecken nur ein bisschen Übung und die eine oder andere Methode, die es uns ermöglicht, unsere inneren Plappergeister zu beruhigen.

In der Meditation komme ich meinem spirituellen Selbst wieder näher, mein alltägliches Menschen-Ich und mein spirituelles Ich reichen sich die Hand. Allerdings bedarf es dazu der bewussten Kontaktaufnahme.

Tief in jedem von uns gibt es diesen Ort, der uns mit unserem ursprünglichen Wesen verbindet und uns den Zugang zur eigenen inneren Weisheit öffnet. Meditation ist der Weg dorthin. Gerade heute, in einer Welt, die sich immer schneller verändert, lerne ich Meditation als elementares Werkzeug zu schätzen. Ein Werkzeug, das mich immer und immer wieder mit mir selbst verbindet. Deshalb hab ich auch verschiedene Wege der Meditation in meinen Alltag als Rituale integriert.

Zum einen ist da die klassische Einheit der Stille. Die Stille empfinde ich als Uressenz meines Seins. Damit meine ich nicht, dass es besser wäre, still zu sein und zu schweigen. Sondern ich erfahre tagtäglich, dass ich in der Stille alles finde. Es gibt einen Teil in mir, der verbunden ist mit allem, was ist: mit dem Wissen um mein Leben, allem, was kommt, allem, was ich brauche. Finde ich die Verbindung zu diesem inneren Wissensfeld, fühle ich mich auch sicher in meinen Entscheidungen. Ich spüre die Kraft der Aktion und des Agierens in mir. Deshalb ist mir die tägliche bewusste Stille so wichtig, und sie hat einen festen Platz zu Tagesbeginn. Es ist für mich auch ein Akt der Selbstliebe, der Zuwendung an mich, wenn ich mir diese Einheit schenke. Als passionierte Langschläferin bin ich immer aufs Neue versucht, ein paar Minuten länger im Bett zu bleiben. Ich würde mich lieber nochmal umdrehen, statt aufzustehen und mich mir selbst zuzuwenden. So ganz hab ich dieses Spiel noch nicht durchschaut. Denn einerseits praktiziere ich es seit Jahren und weiß, welches Geschenk ich mir mit diesen Morgeneinheiten mache. Ich liebe sie. Dennoch kosten sie mich immer wieder Überwindung, vor allem, wenn es noch dunkel ist, die Nacht kurz war oder das Wetter schlecht ist. Dennoch, ich tue es. Ich stehe auf und beginne den Tag mit etwas, das mir wichtig ist – ich tue es für mich.

Da ich morgens mehrere Aspekte in meiner Zeiteinheit unterbringen möchte, habe ich keine halbe Stunde Zeit, mich einer Meditation zu widmen, zumindest nicht an einem normalen Wochentag, der Familie, Haushalt und Beruf gewidmet ist. Aus diesem Grund habe ich sehr bald Abstand von geführten Meditationen genommen. Und weil meine Tage sehr geschäftig sind, genieße ich die Stille in den Einheiten mit mir selbst. Ihre positive Wirkung entfaltet die Meditation dann, wenn man sich täglich Zeit dafür nimmt. Idealerweise immer zur gleichen Zeit, da sich das Unterbewusstsein schnell daran gewöhnt und alles leichter wird. Nach einiger Zeit stellt man fest, dass man sich lebendiger und bewusster fühlt, dass man toleranter wird und das Leben mehr genießen kann. Man wird auf eine ganz natürliche Weise gelassener, und vor allem wird das Leben hell.

Meditationsplatz und Altar

Ich habe einen Kraftplatz in meinen vier Wänden und nenne ihn Altar, frei von der Begrifflichkeit, die wir aus der Kirche kennen. Mein Altar ist für mich ein besonderer Platz, an dem ich das Göttliche einlade und auch mit dem Göttlichen in mir Kontakt aufnehme. Für mich ist dies ein Ort der Ausrichtung und des inneren Dialogs, eine Begegnungsstätte sozusagen, von mir und mir, von mir und dem Göttlichen. Mein Altar ist ein kleines Tischchen. Dort finden sich Heiligenstatuen und auch eine Buddhastatue – sie steht für mich für das Göttliche –, genauso wie eine Marienstatue. Zu Mutter Maria fühle ich mich hingezogen, das mag seinen Ursprung in meiner christlichen Erziehung haben. Und dann finden sich hier weitere Gegenstände, die die Elemente repräsentieren. Ich schmücke meinen Altar stets mit Blumen oder anderen Geschenken aus der Natur. Was immer mir in meinem Leben gerade wichtig ist, findet seinen Platz und seine Würdigung auf dem Altar. Gerne mag ich auch Kartensets, die ich als Orakel verwende, die mir Antworten schenken oder unterstützend für einen Gedanken zur Meditation dienen.

In der morgendlichen Meditation verwende ich eine Uhr, um einen Zyklus für die Meditation zu schaffen, einen Anfang und ein Ende. Diese klare Einheit gibt dem unruhigen Geist Halt. Er muss sich nicht damit beschäftigen, ob ich schon »lange genug« meditiere. Ich wähle für die Uhr eine Zeiteinheit, die in den Tagesablauf passt, je nachdem, was ich in der Morgeneinheit sonst noch unterbringen möchte. Zumeist dauert es zirka 15 Minuten. Ich habe mit kleinen Einheiten von drei Minuten begonnen und sie im Laufe der Zeit verlängert. Es ist wahrlich eine Sache der Übung, den ruhigen Geist auch auszuhalten und ihm Raum zu geben. Morgens gehe ich absichtslos in die Meditation. Ich starte keinen inneren Dialog. Ich reiche meiner Seele die Hand und bin mit meinem Menschenbewusstsein für sie da, aufmerksam und präsent. Und welche Gedanken meine Seele mir auch immer schenken möchte, ich öffne mein Herz dafür und mit ihm mein Leben.

Nach der Meditation notiere ich mir manchmal, nicht immer, diese gedanklichen Impulse. Denn während der Meditation halte ich nicht an ihnen fest. Ich analysiere sie nicht, ich gehe nicht in die innere Kommunikation. Ich nehme die Impulse einfach nur wahr, ich heiße sie als innere Wahrheit willkommen.

Meditation bedeutet heute für mich, wach zu sein, klar zu sein, still zu sein, im Herzen zu sein, bei mir zu sein. Das ist für mich die oberste Priorität für den ganzen Tag, für mein Leben: bei mir zu sein. Doch weil es der Beruf, die Familie, das Leben so mit sich bringen, bin ich immer wieder und viel zu oft irgendwo im Außen und mit Äußerlichem beschäftigt als mit mir selbst. Durch Stress, Sorgen und ewig kreisende Gedanken verspannen wir uns, sind innerlich unfrei und schnell gereizt. Die Meditation ermöglicht es uns, zur Ruhe zu kommen und uns auf das Wesentliche zu konzentrieren. Die Reinigung des Geistes ermöglicht Entspannung, inneren Frieden und Gelassenheit.

So habe ich erkannt, dass es für mich eine wertvolle Unterstützung ist, wenn ich die Einheit einer Meditation nicht nur auf den Morgen beschränke. Man könnte sagen, alles im Leben ist Meditation. Gewiss. Selbst ich habe diesen Satz schon ganz oft formuliert. Dennoch möchte ich zwischen wirklicher Meditation, bei der wir den Geist beruhigen und dem inneren Ich den Raum schenken, und jenen Meditationen, die viel mehr dem bewussten Sein zuzuschreiben sind, unterscheiden. Man kennt zum Beispiel von mir den Begriff »Küchen-Meditation«. Damit meine ich nichts anders als das alltägliche Kochen. Ebenso wie die »Bügel-Meditation«, meine Einheit des Wäschebügelns. Ich bezeichne sie zwar als Meditation, aber eigentlich sind sie keine. Ich erfahre sie als bewusstes Handeln, als Tätigkeiten, die mich im Hier und Jetzt verankern, im Augenblick. Ich lenke meine innere Ausrichtung darauf, denn es könnte natürlich schon sein, dass ich mit meinen Gedanken während des Kochens nicht beim Kochen bin, sondern im Büro und während des Bügelns nicht beim Bügeln, sondern bei meinen Kindern. Doch allein mit der Bezeichnung »Küchen-Meditation« gebe ich meinem Inneren den Auftrag, ähnlich wie in meinen Meditationseinheiten, dem Augenblick gewahr zu sein. Das Hier und Jetzt zu sehen, zu fühlen – da zu sein.

Auch andere Momente meines Tages erhalten kurze Meditationseinheiten. Zum Beispiel wenn eine Besprechung in der Firma ansteht. Dann sitze ich ein paar Minuten zuvor in meinem Büro oder dem Besprechungsraum und wende meine Übung der Stille an. Einatmen und Ausatmen und Kontakt mit mir aufnehmen. Denn ich weiß, alles Wissen, das ich für den Alltag brauche, ist in mir zu finden. Und wenn ich mich einstimme auf den Tag, auf ein Gespräch, eine bestimmte Situation, dann ermögliche ich es den inneren Energien zu fließen, mein Selbst startet sozusagen den Fluss der Energie, die in der Situation gebraucht wird. Meine innere Weisheit weiß darum, meine Seele kennt alles Geschehen, fern von Zeit.

Manchmal finde ich mich in meinem Alltag auch in Situationen wieder, die mich innerlich verwirren. Ich werde von Emotionen fremdgesteuert, Prägungen übernehmen das Ruder. Ich bin nicht ich. Und in der Flut des Geschehens kann es gut sein, dass ich das zunächst gar nicht wahrnehme. Ich fühle mich einfach nicht wohl, innerlich zerrissen. Orientierungslos in mir selbst. Doch die jahrelange Übung der Achtsamkeit und des bewussten Seins hilft mir, und irgendwann, früher oder später, erreicht mich ein Impuls meiner Seele, und ich weiß dann, dass ich in einer Einheit der Stille die Klarheit erfahren kann, die ich brauche. Wo immer ich bin, nehme ich mir die Zeit dafür. Da kann es sogar sein, dass ich im Auto oder sogar auf der Toilette versuche, den inneren Kontakt wiederherzustellen. Auf diesem Weg erhalte ich Übersicht und entlarve sofort innere Saboteure, noch ehe sie größere Unordnung in mir anrichten können.

Das Leben selbst ist Meditation. Das sage ich ganz bewusst, wissend, wenige Zeilen zuvor etwas anderes geschrieben zu haben. Ja. Letztlich ist Leben Leben. Und Meditation ist ein Werkzeug, um dem Leben mehr Leben zugeben, mehr Tiefe zu erfahren. Ich beobachte, dass viele Menschen verleitet sind, Spiritualität und Meditation zu etwas Erhabenem zu erklären und sie zu separieren. Spiritualität wird in festen Einheiten praktiziert, als sei Meditation gebunden an Meditationskissen und Räucherstäbchen und könnte nicht in den Alltag integriert werden. Die Menschen vermissen dort, ohne zu wissen, was sie vermissen, die Verbindung.

Aufgrund der Prägungen, die wir alle erfahren haben, meinen manche, dass sie »zu wenig daran gearbeitet haben«, und glauben, »mehr tun zu müssen«. Mehr Meditation, mehr Spiritualität, mehr Hingabe abseits des Alltags. Doch je mehr die Menschen dem Erhabenen Aufmerksamkeit widmen, umso mehr nähren sie auch die Kluft zwischen Spiritualität und Alltag und haben das Gefühl, »es nicht zusammenzubringen« – ein Miteinander scheint nicht möglich. Dies mag frustrierend sein und weckt in vielen Menschen die Sehnsucht nach mehr Spiritualität. Nicht selten beginnt dann ein Fluchtverhalten: mehr Bücher, mehr Seminare, mehr Ausbildung. Doch leider wird die Kluft übersehen, und wegen des fehlenden Brückenbaus wird sie weiterhin vergrößert. Innere Zerrissenheit ist die Folge, und die Menschen suchen in ihrem Leben nach neuen Berufen, nach neuen Beziehungen, nach neuem Leben. Erkennen sie die Kluft nicht, die sie zwischen ihrem scheinbaren spirituellen Leben und dem gewöhnlichen Alltag schaffen, bleibt die Zerrissenheit.

So möchte ich an dieser Stelle erinnern: Meditation ist keinesfalls eine Flucht aus dem Leben, eine Ablehnung der Realität oder gar eine nette Wellness-Behandlung. Ganz im Gegenteil, sie ist ein gezielter und geradliniger Weg mitten ins Leben hinein. Wenn ich meditiere, lade ich meine Batterien auf und schöpfe Kraft aus einer Quelle, die tief in mir selbst ist. So kann ich mein körperliches, geistiges und seelisches Wohlbefinden steigern

Retreat im Alltag

Das englische Wort »retreat« bedeutet »sich zurückziehen«. Als inneres Bild, das ich dazu erhalte, sehe ich mich im Kontext dazu selbst, wie eine Pflanze, die sich vor dem Winter in sich selbst zurückzieht, um im darauffolgenden Frühling mit neuer Kraft in wundervoller Pracht neu zu erblühen. Deshalb ist mein Retreat ein wertvoller und regelmäßiger Bestandteil des Lebens geworden. Ich ziehe mich zurück.

Dazu habe ich unterschiedliche Definitionen in Sachen Zeit gewählt. An einem normalen Tag ist mein Retreat meine Zeit mit mir, zum Beispiel in der Meditation, in der ich mich in mich zurückziehe. Darüber hinaus sorge ich auch dafür, dass ich regelmäßig Zeit für mich habe und alleine bin. Das ist mir wichtig, um meine Gedanken wahrzunehmen und mir Gelegenheit zu geben, sie zu Ende zu denken. Zeit, in der sonst nichts zu tun ist. Zeit, in der ich sonst keinem zur Verfügung stehen muss. Zeit für mich, um ganz bei mir zu sein. Zumeist verbringe ich diese Zeit in der Natur.

Des Weiteren pflege ich ein solches Retreat zumindest einmal im Jahr, um an mehreren aufeinander folgenden Tagen ganz mit mir und bei mir sein zu können. Es braucht dazu keine große Reise, im Prinzip nicht einmal einen Ortswechsel. Der geschützte Rahmen an Zeit ist ausreichend. Wohl aber hilft es natürlich, wenn man die eigenen Wände verlassen kann und sich dieser Zeit frei von Verpflichtung und Aufgabe hingeben kann.

Anleitung für einen Tages-Retreat zu Hause

Regelmäßiger Rückzug ist eine wertvolle Insel im Alltag. Und wenn wir uns dafür Zeit nehmen, dann verschwindet auch die Sehnsucht nach der »Flucht auf eine Insel«, wenn uns der Alltag zu intensiv und zu viel wird. Ich möchte dir gern einen Vorschlag für ein Tages-Retreat bei dir zu Hause machen.

Steh früh auf. So früh, dass du die aufgehende Sonne begrüßen kannst. Selbst wenn die Sonne an diesem Tag nicht scheint, weil der Himmel sich bewölkt zeigt, sei dir bewusst, der Sonnenaufgang findet dennoch statt, begrüße den Tag mit dem Morgenlicht der Sonne, und nähre damit dein inneres Licht. Schenk dir eine Morgenmeditation mit der Sonne.

Den Gruß an die Sonne nun auch mit dem Körper auszudrücken lässt dich wach werden und ist ein schöner Übergang vom feinstofflichen Bereich deines Seins hin zu deinem Körper. Zum Sonnengruß aus dem Yoga findest du sicherlich zahlreiche Inspiration in Büchern oder Videos in der internetten Welt.

Dann setze dich hin und schenke dir Ausdruck. Schreibe. Stelle dir dazu eine Uhr, sodass du einfach drauflosschreiben kannst. Alle Gedanken, die da sind, die sich zeigen und ausdrücken wollen, schreibst du auf – wenigstens eine halbe Stunde lang. Gerne auch mehr.

Zeit für Frühstück und Nahrung. Schenke an diesem Tag deinem Körper leichte Nahrung. Vielleicht magst du etwas Neues ausprobieren. Verzichte auf Zucker und Fleisch oder ganz auf tierisches Eiweiß. Verlasse das bekannte Terrain, beweg dich hin in ein neues Feld. Vielleicht hast du auch die Möglichkeit, dich an diesem Tag zu verwöhnen und ein entsprechendes Restaurant zu besuchen, das vegetarische oder ayurvedische Kost anbietet.

Dein Körper will verwöhnt werden. Möglicherweise gibt es die Gelegenheit für eine Massage, oder du gönnst dir einen Wellnesstag in einer Therme oder bei dir zu Hause.

Achte darauf, was du an diesem Tag zu dir nimmst und was dich erreichen darf. Verzichte bewusst auf »dichte Energie«. So auch auf Magazine und Klatschzeitungen, lass die schlechten Nachrichten der Tagespresse weg, und verzichte auf Fernsehen. Ermögliche dir, ganz bei dir zu sein. DICH selbst wahrzunehmen.

Deshalb empfehle ich auch, keinen »Mädels-Tag« daraus zu machen und die Zeit nicht mit Tratschen oder Shopping zu verbringen. Ein Retreat-Tag soll dir die Möglichkeit geben, in deine Tiefe einzutauchen, bewusst Verbindung zwischen deinem Körper und der Seele herzustellen. Ein Aufenthalt im Freien, in der Natur, in der Stille hilft dabei. Vielleicht gelingt es dir sogar, einen Teil des Tages, womöglich sogar den ganzen Tag, in Stille zu verbringen.

Bevor du abends früh zu Bett gehst, schließe den Tag bewusst mit einer Meditation ab und drücke dich erneut mit Schreiben aus. Wie am Morgen schenke dir dazu zumindest 30 Minuten und schreibe unkontrolliert auf, was ausgedrückt und aufgeschrieben werden will. Schenk deiner Seele den Raum, sich dir mitzuteilen.

Die Schattenseiten auf dem Weg zum Licht

Ich beobachte immer wieder, wie fasziniert die Menschen sind, wenn sie der Spiritualität begegnen. Wiederbegegnen, möchte ich sagen, denn in Wirklichkeit ist Spiritualität ein Teil von uns, wir haben nur die Verbindung dazu verloren. Wenn sie nun wiederentdeckt wird, zelebrieren viele Menschen sie als »Garnitur« im Alltag, das Sahnehäubchen des täglichen Lebens. Dennoch wird sie oft separiert gelebt, reduziert sich auf die Zeiteinheit der Meditation, macht sich fest an Kerzen, Räucherstäbchen und Meditationskissen. Ganz oft wird Spiritualität auch »heimlich« gelebt. Arbeitskollegen, Freunde und sogar die Familie wissen nichts davon. Man kreiert Separation, spürt innere Zerrissenheit, fühlt sich in zwei Lagern: in einem spirituellen Leben und im nicht-spirituellen Alltag. Aus diesem heraus entsteht die Sehnsucht nach Einheit, die dann oft missinterpretiert und erst recht zu einer »Flucht« hinein in eine spirituelle Ersatzwelt wird, die allerdings wieder getrennt vom normalen Leben existiert. Die Gefahr dabei ist, dass man Menschen, die bis dato Teil des Lebens waren, ausschließt. Dass Freundschaften und Beziehungen zerbrechen. Oftmals verliert man sogar den eigenen Fokus, verirrt sich in der Suche und opfert ganze Lebensmodelle: Arbeitsplatz, Partnerschaft, Freunde. Dabei übersieht man ganz, dass man als Mensch immer spirituell ist, es einfach nur zu leben braucht, es nur in den Alltag selbstverständlich und selbstbewusst integrieren sollte. Dies alles im wahrsten Sinne der Worte von einfach und selbstbewusst.

Bring die Wahrheit ans Licht

Du möchtest dein Leben mit Licht erhellen – dann betrachte es zuerst einmal bei Licht. Und zwar in Ruhe. Mit diesen Übungen wollen wir immer wieder innehalten und uns besinnen auf das, was ist, und auf das, was sich ändern soll. Auch dich führt dein Leben nicht zufällig zu diesem Buch. Unsere gemeinsame Gedankenreise soll auch in dein Leben Veränderung bringen. Besinne dich jetzt für einen Moment, und schenke dir die Zeit, um für dich zu resümieren, wie zeigt sich dir dein Leben?

- Wie ist dein Gefühl für deinen Alltag? Fühlst du dich getrieben oder getragen?
- Hast du eine innere Verbindung zu dir selbst?
- Kannst du Kontakt zu deiner inneren Stimme und deiner inneren Weisheit aufnehmen?

- Meditierst du regelmäßig?
- Möchtest du an deinem Meditationsverhalten etwas verändern?
- Was behindert dich beim Meditieren? Blockaden? Saboteure?
- Wie gelingt es dir, Spiritualität mit deinem Alltag zu verbinden?
- Fühlst du dich zerrissen zwischen deiner spirituellen Praxis und dem alltäglichen Leben?
- Was möchtest du verändern?

Die eigene Kraft

Unser wahres Ich möchte sich von unserem Selbst führen lassen. Alles, was wider unsere Natur ist, begrenzt uns in unserer Lebensenergie. Und fließt weniger Lebensenergie, spüren wir das in unserer Schöpferkraft, die uns nicht hundertprozentig zur Verfügung steht. Die Energie reicht nicht aus, um aus eigener Kraft das Leben zu gestalten. Wir erleben uns ohne Eigenmacht, fühlen uns ohnmächtig, die Kraft fehlt. Das Außen steuert uns, wir reagieren auf Autoprogramme und agieren fremdgesteuert und getrieben. Wir erleben uns in der Reaktion statt in der eigenen Aktionskraft. Das erschöpft und macht unzufrieden. Der einzige Weg hin zu einem helleren Leben, im Sinne von leicht, besteht darin, wieder in die eigene Kraft einzutreten und die Macht zu sich zurückzuholen. Das gelingt, indem wir dafür sorgen, dass die Lebensenergie wieder frei fließt. Das bedeutet aufzuräumen im System und die Blockierungen zu (er)lösen, die den freien Fluss (be)hindern.

Letztlich ist dies der Weg der Selbstheilung. Aber nicht als das Gegensätzliche zur Krankheit, sondern vielmehr als jene Kraft, die das System »rund« macht. Rund als Kreis. Denn er ist die energetische Struktur dessen, was geschlossen, komplett, heil im Sinne von ganz in seiner Kraft ist. Somit ist der Weg in ein helles Leben auch ein Weg der Selbstheilung. Selbstheilung ist eine grundlegende Fähigkeit unseres Seins und verbindet Körper, Seele und Geist zu einer grandiosen, gestaltenden und erhaltenden Macht. Wir verbinden uns über unseren innersten Kern mit der Weisheit der Schöpfung. Hier können wir unser Leben mit unseren Bildern formen. So erleben wir uns selbst als MitschöpferInnen unseres Lebens. Durch diese Kraft erschaffen wir eine neue, eigene Wirklichkeit. Hier umgibt uns ein Feld der Möglichkeiten. Alles, was wir uns vorstellen können, ist als Bild in uns angelegt, es bedeutet, alles kann Wirklichkeit werden. Alles ist möglich. Beharre dabei nicht auf dem Bild selbst, achte auf das Gefühl, das du an das Bild koppelst. Wenn du dich zum Beispiel mit einem flotten Sportwagen sehen kannst, bedeutet das nicht unbedingt, dass du auch einen flotten Sportwagen besitzen wirst. Aber das Gefühl, das du wahrnimmst, während du in diesem Sportwagen sitzt, dieses Gefühl ist es, das von dir gelebt werden will. Und wenn du es jetzt in deinem Leben noch vermisst, solltest du das als Aufforderung sehen zu ergründen, was dich heute noch daran hindert.

Es ist unser Geburtsrecht, in Glück zu sein. Es ist unser Geburtsrecht, in Freude zu leben. Es ist unser Geburtsrecht, in Liebe zu leben. Es ist von der Schöpfung nicht so vorgesehen, dass jemand ein Leben ohne Glück führen oder es sich erst erarbeiten oder verdienen muss. Glück, Freude, Liebe sind als essenzielle Lebensqualität in uns angelegt, und es ist an uns, diese Energien für uns frei fließen zu lassen. Nur du selbst kannst dich dazu ermächtigen. Nur du selbst kannst dich in die eigene Lebenskraft zurückholen und dieses Leben mit seiner Schöpferkraft kreieren. Es braucht nicht mehr und nicht weniger als das JA – ich will und ich werde es tun.

Im Laufe unseres Lebens hat jeder von uns das Muster in sich angelegt, nicht wirklich an die eigene Kraft zu glauben, nicht mit all ihren Möglichkeiten. Zu oft haben wir gehört, dass wir etwas nicht schaffen können, dass wir zu wenig wissen, zu wenig Erfahrung haben und vor allem, dass andere uns überlegen sind. Es waren Menschen, denen wir vertrauten, die uns das sagten: Eltern, Familienmitglieder, Freunde, Lehrer, Vorgesetzte. So haben wir deren Worte gehört und angenommen, noch ehe wir in Aktion gingen. Die Worte haben uns geprägt, und tatsächlich war es oft so, dass wir erfolglos waren. Doch nicht, weil wir wahrlich zu klein, zu unwissend oder zu unerfahren sind, sondern vielmehr, weil wir den Aussagen der anderen Glauben geschenkt haben, auch unbewusst. Unser Glaubenssystem wurde unterwandert. Die Worte der anderen haben uns geprägt, sie wirken nun als Glaubenssätze. Und das Ergebnis stimmte mit diesen überein.

Es gibt eine Kraft in uns, die uns beim Alten halten will. Manche Menschen nennen es das Ego, das dafür sorgt, dass sich nichts verändern soll. Das Gewohnte soll seinen Rahmen behalten. Bloß nichts Neues, bloß keine Unsicherheit kreieren. Denn gibt man der Veränderung Raum, weiß man nicht, was passiert, was mit ihr noch ins Leben eintreten wird. Ein einzelner Schritt kann einen ganzen Dominoeffekt auslösen.

Vor vielen Jahren erklärte ich meinem Mann, dass ich vorhatte, einen bestimmten Kurs zu besuchen. »Was soll das?«, fragte er. »Was das kostet! Wozu das Geld dafür ausgeben? Das brauchst du doch gar nicht. Du hast hier deinen Beruf, deine Familie, mich – warum willst du dich mit diesen Themen beschäftigen? Ich möchte nicht, dass du den Kurs besuchst.« Er goss damit Öl ins Feuer, und ich explodierte. Da war nicht nur das Gefühl, dass er mich nicht mit meinen Wünschen akzeptierte, da war auch das Gefühl, dass er meine Bedürfnisse ablehnte, es mir nicht gönnte, und darüber hinaus, dass er meinte, es mir nicht erlauben zu dürfen. Ich kann mich gut an die Auseinandersetzung, die folgte, erinnern. Und auch an alles andere, das folgte, stets setzte ich jede neue Situation auf diesem kreierten Muster auf. Ich hatte immer wieder Angst, meinem Mann etwas zu er-

zählen. Stets fürchtete ich seine Reaktion. Weniger die Worte oder ihn, vielmehr das Gefühl, abgelehnt zu werden, keine Unterstützung zu erfahren. Aus meiner heutigen Sicht erkenne ich, dass es gar nicht um ihn ging. Schon als junges Mädchen fehlte es mir an dieser Unterstützung. Mein Vater überzeugte mich stets aufs Neue davon, dass meine Träume und Ideen unsinnig waren. Dann sagte er, dass ich ein Mädchen sei, das ohnehin irgendwann heiraten würde – meine Wünsche waren es nicht wert, umgesetzt zu werden, denn sie wurden als »Träumereien und Fantasien« abgestempelt. Meine Großmutter, bei der ich lange lebte, war eine einfache Frau und sehr bescheiden, die finanziellen Mittel waren stets begrenzt. So hatte sie vor allem jenen Erfahrungsschatz, dass etwas nicht möglich war, weil man das Geld dafür nicht aufbringen konnte, weil es eine unsinnige Ausgabe war oder weil diese Träume und Wünsche nur für jene Menschen bestimmt waren, die mehr Geld hatten – eben vom Leben dazu auserwählt wurden, Möglichkeiten wahrzunehmen. Wir gehörten nicht dazu. Ich hatte viele Enttäuschungen gesammelt. Doch meine wache Seele gab niemals auf, immer wieder erinnerte sie mich und wies mich auf Möglichkeiten des Lebens hin. Es dürfte zum Plan meiner Seele gehören, mich in diesem Leben in meine eigene Kraft zu führen. Und ich habe ein lautes JA dazu ausgesprochen und wohl auch sämtliche Kräfte mitgebracht und in mir aktiviert. Selbst mein Geburtsdatum entsprach dieser Anforderung, bin ich doch im Zeichen des Löwen geboren und kann kraftvoll brüllen, wenn das Leben mich dazu auffordert. Das habe ich gelernt und mich freigemacht von Menschen, die mich umgeben und mit Begrenzungen eingezäunt haben, damit sie mich halten konnten. Ich erkannte diese Begrenzungen und ging hinein in das neue Feld jenseits der Komfortzone. Rein in ein Feld der Unsicherheit, des Neuen und des Wagnisses. Aber immer mit einem lauten »JA! Ich will!«.

Nur wir selbst können unser Leben ändern. Niemand kann die Kraft für uns aktivieren, niemand kann es an unserer Stelle tun. Dennoch ist das Umfeld, das uns umgibt, wichtig. Wenn wir uns wiederfinden in einer Gemeinschaft von Menschen, die nichts wagen, die stets den sicheren Platz wählen und zufrieden sein wollen mit dem, was sie haben, dann hat das auch auf uns Einfluss. Ihre Botschaften unterwandern unser System, wie Viren. Sie sind in uns aktiv. Bewusstes Sein und aufmerksame Achtsamkeit dem gegenüber sind hilfreich, aber wir dürfen unser inneres Immunsystem auch nicht überfordern. Wir sollten Wege suchen, die uns nicht erschöpfen, sondern die in sich Unterstützung anbieten.

Irgendwann in meinem Leben habe ich bewusst JA gesagt, zu mir und auch dazu, dem Leben mehr Sinn zu geben, das Mehr anzunehmen und es zu leben. Damit habe ich auch Ja gesagt zu einem Versprechen zu mir selbst, nämlich regelmäßig aufzuräumen in meinem System, mit Gedanken, mit Blockaden, mit falschen Überzeugungen. Seit diesem Zeitpunkt hat sich mein Leben komplett verändert.

Anleitung »Inneres Ja zu deiner Kraft«

Du brauchst einen Platz und einige Zeit für dich, sodass du ungestört bist und für dich sein kannst. Familie oder Haustiere dürfen warten. Schließe eine Türe hinter dir. Sorge dafür, dass das Telefon dich nicht stört. Schaffe eine Atmosphäre, die dir guttut. Lege dazu sanfte Musik auf, zünde eine Kerze an, und sorge für einen guten Duft, wenn du magst. Finde eine angenehme Position im Sitzen, der Rücken sollte aufrecht sein. Dann stimme dich mit deinem Atmen auf die Meditation ein. Womöglich magst du jetzt schon die Augen schließen, für viele ist es leichter, vom Alltag Abstand zu nehmen, wenn ihre Augen geschlossen sind. Lass den Atem ruhig werden. Einatmen und

Ausatmen. Gedanken dürfen sein, sie bekommen von dir keine Aufmerksamkeit, sie ziehen weiter. Dein Atmen bekommt deine Aufmerksamkeit, ebenso wie dein Körper, der sich mehr und mehr entspannt. Dann lass deine Wahrnehmung nach innen sinken. Mit jedem Ausatmen sinke tiefer in dich hinein, als würdest du in einen Raum eintreten, der tief in dir ist, dein inneres Zuhause. Dort genieße das Dunkel, das du als solches von hinter deinen Augen mitgebracht hast. Begegne dem Licht, das als Flamme in deinem innersten Zuhause geborgen ist, und erlaube ihm mit deinem Atmen, größer zu werden und sich auszudehnen, Atemzug für Atemzug, bis es deinen Herzensraum ganz erfüllt. Dann bitte den göttlichen Funken in das Zentrum des Lichts, und zwar jenen, der du warst zum Zeitpunkt der Inkarnation. Visualisiere den göttlichen Funken im Zentrum deiner inneren Flamme. Die Flamme verändert sich in ein violettes Licht und reinigt als solches lichtvoll den Funken von allem, was er mitgebracht hat, was nicht dem Wachstum und der Entwicklung dienlich ist. Wenn die Flamme ihre Farbe wieder verändert, ist diese Arbeit getan.

Der göttliche Funke deiner Inkarnation verändert sich, du siehst dich als Baby, erneut im Zentrum der Flamme, die wieder ihr violettes Licht als reinigende Kraft anbietet. Mit der Flamme lösen sich im Energiefeld des Babys all jene Felder auf, die aus jener Zeit noch heute in dein Leben wirken. Und wenn sich die Farbe der Flamme erneut verändert, erlaube dem Bild, dass es durch eines von dir als Kind ersetzt wird. Deine innere Flamme, erneut in violetter Farbe, transformiert alle blockierenden Strukturen jener Zeit in einen neutralen Zustand. Die innere Flamme löst alles auf, was heute aus der Zeit deiner Kindheit als Limitierung und Begrenzung deiner Kraft und Lebensenergie auf dich einwirkt. Bleibe ruhig beim Atmen. Es ist nichts zu tun, es ist nichts zu ergänzen. Es geschieht. Die Kraft deiner Intention ist ausreichend. Wenn sich die Farbe der Flamme erneut verändert, dann bitte dein junges erwachsenes Ich in deinen inneren Herzensraum, um erneut in der Energie der violetten Flamme zu lösen, was gebunden ist von deiner Kraft und Energie. Und wenn sich das Licht der Flamme erneut von der Farbe Violett löst, dann lasse auch das Bild deines jungen Erwachsenen-Ichs los.

Betrachte die leere Flamme in ihrem goldenen Schein. Verweile einige Zeit. Als Nächstes wirst du es sein, die in die Flamme eintritt. Deshalb wähle bewusst den Zeitpunkt. Verweile so lange vor diesem Schritt, bis du von innen heraus die Einladung spürst und von dir die Antwort dazu: »Ja – ja, ich will mich meiner Kraft öffnen.« Dann trete in die Flamme ein. Sehe dich im Zentrum der Flamme, die nun als violettes Licht wirkt. Hab keine Angst, es wird dich keine Hitze verletzen, denn das violette Licht der Flamme der Transformation ist ein sanftes. Wenn du in ihrem Zentrum stehst, fühlt es sich an wie der Schein einer Kerze, der die Dunkelheit erhellt. Lasse den heiligen Akt geschehen. Erlaube dem violetten Licht, all das in dir zu lösen, was dich an die Energie von Erlebnissen bindet, die dir unbewusst sind. Erlaube der Flamme, alle Programmierungen in deinem unbewussten Geist zu neutralisieren, die du im Laufe der Jahre in dir angelegt hast. Lass alle Fremdbilder sich von dir lösen und entfernen. Erlaube der Flamme, dass sie nichts als das wahre Ich in dir übrig lässt. Genieße die Zeit der Reinigung wie eine Wellnessbehandlung für deine Seele. Es geschieht Heilung. Nichts ist dazu beizutragen. Es braucht kein Analysieren, Interpretieren oder Verstehen. Es geschieht zu deinem höchsten Wohl.

Wenn die Farbe der Flamme sich erneut verändert, ist die Reinigung getan. Verweile nun im goldenen Licht der Flamme, und integriere sie mit deinem Atmen in dein Bewusstsein. Mit jedem Einatmen gibst du dir inneren Raum, und mit jedem Ausatmen dehnst du dieses Bewusstsein in dein Energiefeld aus. Bleib bei dieser Integration über wenigstens elf Atemzüge. Dann fühle, ob du bereit bist für den nächsten Schritt. Wenn nein, dann bleibe beim Atmen, und schenke dir weiter Zeit. Wenn ja, dann bitte nun dein Helferteam zu dir. Fühle dich frei zu wählen, wen du zu dir bitten möchtest: Engel, spirituelle Begleiter, Ahnen, Tierwesen. Lasse sie in einem Kreis um dich sein. Jedes Wesen für sich repräsentiert eine Qualität, die dir für die nächste Zeit, die nächsten Schritte, das nächste Werden hilfreich und dienlich ist. Versuche nicht, es mit deinem Verstand zu erfassen, das ist nicht notwendig. Es wird geschehen. Während du weiter im goldenen Licht deiner inneren Flamme stehst, stellen dir all diese Lichtwesen ihre Energie zur Verfügung. Damit wird deine innere Flamme bunt, und dich umgibt ein Farbenspiel aus allen Farben des Regenbogens. Lasse es einfach geschehen. Die Vielfalt der Farben nährt dein lichtes Sein. Farben sind aus Licht gemacht. Spüre, wie Kräfte zu dir kommen, wie sie dich nähren und ermächtigen. Genieße die Kraft, die in dir gestärkt wirkt. Integriere dies wieder mit deinem Atmen. Mit jedem Einatmen gibst du dir inneren Raum, und mit jedem Ausatmen dehnst du dieses Bewusstsein der Kraft in dein Energiefeld aus. Bleib bei dieser Integration über wenigstens elf Atemzüge. Deine Seele wirkt als Kraftfeld.

Dann fühle, ob du bereit bist für den nächsten Schritt. Wenn nein, dann bleibe beim Atmen, und schenke dir weiter Zeit. Wenn ja, bitte nun die Wächterkräfte zu dir. Sie werden dein ermächtigtes Sein behüten. Den ersten Wächter bitte innerlich vor dich. Es ist jener Wächter, der dein inneres Feld für dich im Auge behält, er wird mit dir kommunizieren, wenn es »Störaktionen« gibt, und dich darauf aufmerksam machen, sodass du mit deiner aktiven Schöpferkraft Ungleichgewicht stets sofort ausbalancieren kannst. Es wird nicht länger notwendig sein, dass du in ein Defizit rutschst. Nimm vor deinen inneren Augen Kontakt mit diesem Wächter auf, und lasse ein Band der Verbindung entstehen, indem du zu ihm hin atmest. Genieße diese Verbundenheit, und integriere sie wieder mit deinem Atmen. Dann bitte den zweiten Wächter hinzu, bitte ihn an deine linke Seite. Es ist der Wächter, der dein Feld der Möglichkeiten bewacht und darauf achtet, dass du stets mit den Möglichkeiten für dein Leben verbunden bist. Auch mit diesem Wächter stelle ein Band der Verbundenheit her, indem du zu ihm hin atmest. Atme zu diesem Wächter hin, bis du die innere Verbundenheit spürst. Dann integriere erneut diese Begleitung an deiner Seite mit deinem Atem.

Wenn du bereit bist, bitte erneut einen Wächter zu dir, dieses Mal an deine rechte Seite. Der Wächter der rechten Seite ist dein Wegbegleiter. Er wird darauf achten, dass du den Weg, den deine Seele gewählt hat, nicht verlässt. Kommst du vom Weg ab, hat er den Auftrag, dich darauf hinzuweisen und liebevoll den Weg erneut aufzuzeigen. So stelle auch hier eine innere Verbindung her, indem du zum Wächter an deiner rechten Seite hin atmest. Spüre die Verbindung, und integriere sie in dein bewusstes Sein.

Nun lade erneut einen Wächter ein. Der vierte Wächter wird stets hinter dir stehen. Er wird dafür sorgen, dass du dich an all das erinnerst, was du brauchst, was dir zur Verfügung steht, was dir an Unterstützung gewiss sein wird. Er wird dich auf Botschaften hinweisen, für Synchronizität sorgen und mit dir die Zeichen der sogenannten Zufälle entschlüsseln. Er ist der Hüter all dessen, was du für ein Mehr von deinem Leben brauchst. So atme nun auch zu ihm, um ein bewusstes und kraftvolles Band der Verbindung entstehen zu lassen. Integriere auch dieses vierte Band mit deinem Atem in dein Bewusstsein. Du stehst noch immer im Zentrum deiner inneren Flamme. Du stehst in deiner Kraft. Du bist nicht allein. Du bist mit allem verbunden, was du brauchst. Du bist alles, was du bist. Integriere nun dieses fühlende Bewusstsein erneut mit deinem Atmen. Zumindest elfmal.

Dann lasse alle inneren Bilder los. Selbst jenes der Flamme. Erlaube dir wieder das Dunkel vor deinen inneren Augen. Löse dich mit dem Atmen von der Meditation und dem Ritual. Kehre in dein Alltagsbewusstsein zurück, und öffne deine Augen mit dem Bewusstsein, dass du ab nun ein inneres JA zu dir, all deiner Kraft, all deinen Möglichkeiten des Lebens ausgesprochen hast.

Den Schmerz loslassen

Über viele Generationen waren die Menschen in der Opferrolle. Sie waren ohne Macht. Ohnmächtig. Die meisten befanden sich in einer Position des Schwächeren, und es blieb ihnen nichts anderes übrig, als sich dem Schicksal zu ergeben, Teil der Geschichte zu sein. Sie mussten in den Krieg ziehen, Hungersnöte erleben, hart arbeiten, angstvolle Zeiten aushalten, in denen es lebensgefährlich war aufzubegehren. Sie wollten irgendwie überleben. Das Fühlen musste oftmals unterdrückt werden, der eigene Schmerz wäre zu groß gewesen. Ganze Generationen mussten sich von emotionalem Empfinden lösen, um Krieg und Gewalt zu ertragen. Die Erfahrungen unserer Ahnen tragen wir noch immer tief in unserem Zellbewusstsein. Opfer zu sein, ausgeliefert zu sein, hilflos zu sein, scheint uns bekannt. Die Ausweglosigkeit scheint uns vertraut. Und es gibt viele Menschen, die unbewusst die Rolle des Opfers noch immer leben, sie heute noch immer nähren und vorherrschend in ihrem Leben bespielen. Wenn wir Opfer sind, ist es für Mühsal, Schmerz und Krise ein Leichtes, uns daran zweifeln zu lassen, dass unser Geburtsrecht es anders meint – nämlich, dass uns ein Leben in Vitalität, Fülle, Freude, Liebe und Leichtigkeit zusteht. Der innere Magnet dieser Menschen in der Opferrolle zieht immer noch mehr schmerzvolle Erfahrungen und Mangel auf allen Ebenen an. Ich möchte nicht behaupten, dass es einfach ist, dieser Haltung zu entkommen, dennoch unterstützt es unsere Wahrnehmung des Lebens, wenn wir erkennen, dass »die harten Zeiten« vorbei sind und dass alte Gelübde heutzutage keine Gültigkeit mehr haben. Es liegt an jedem selbst zu erlauben, dass das Leben leicht und hell werden darf. Der erste Schritt ist die Änderung des Blickwinkels auf unser Leben und die innere Bereitschaft zu erkennen, dass das alles nur Erfahrungen unterschiedlicher Färbung sind. Manchmal heller, manchmal dunkler. Manchmal schwerer, manchmal leichter. Alles dient ausschließlich dazu, uns selbst zu erfahren und kennenzulernen, daraus zu lernen und uns, im wahrsten Sinne des Wortes, zu ent-wickeln aus dem, was uns unfrei macht und an einem hellen Leben gemäß den Energien der neuen Zeit hindert.

Ein Ritual, um Schmerz und Opferrolle loszulassen

Wenn du im Alltag merkst, dass du dich zurückziehst, Herztüren verschließt und Emotionen wahrnimmst, die dir nicht guttun – wie Wut, Unsicherheit, Angst –, dann hat dich zumeist etwas angetriggert. Ein äußeres Geschehen oder eine Person hat etwas in dir berührt, was als Verletzung weder geheilt noch vollständig verarbeitet war. Vermutlich war der Verdrängungsprozess bislang erfolgreich. Doch nun zeigt sich die Emotion erneut, und der Schmerz ist wieder da.

Man darf verstehen, dass Seele und Leben zusammen-arbeiten. Sie offerieren uns immer wieder die Chance, Ent-wicklungsschritte zu tun. So erhalten nicht ge- oder erlöste Geschehen auch stets aufs Neue eine Bühne, bis Heilung vollständig geschieht und die Dunkelheit weichen kann.

Wenn dir ein Thema wieder und wieder begegnet, eine Verletzung wieder und wieder schmerzt, bedeutet das nicht, dass du bislang zu wenig getan hast. Eine neue Facette zeigt sich, eine weitere Schicht will sich lösen.

Gerne möchte ich mit dir mein Ritual teilen, wie ich sol-chen Situationen begegne. Wenn du spürst, dass dich das Geschehen sehr bewegt und innerlich in Aufregung versetzt, dann nütze deinen Atem, um zur Ruhe zu kommen. Atme die Anspannung in dir aus.

Visualisiere die Situation oder die Begegnung mit der an-deren Person. Fühle deine Teilnahme am Geschehen, und visualisiere innerlich, wie du einen Schritt zur Seite machst, so als wolltest du den Platz im Bild freigeben. »Hier spiele ich nicht mehr diese Rolle. Ich stehe nicht mehr zur Ver-fügung.« Dann spüre der Emotion oder der Verletzung nach. Nehmen wir an, es geht um das Thema »sich abgelehnt fühlen«. Nütze deinen Atem, um diese Emotion loszulassen, indem du sie ausatmest. Mit jedem Atemzug, den du aus-atmest, schicke einen Gedanken der Liebe nach, und visuali-siere diesen als strahlendes Licht. Das Licht löst die dichte Energie des Empfindens, der Atem die Anspannung.

Erlaube dir dazu ausreichend Zeit, bis du fühlst, dass du die Emotion in dir lösen und sie ausatmen konntest. Nun kon-zentriere dich auf das Geschehen, und verbinde dich mit der universellen Energie der Liebe. Atme sie hin zu den Betei-ligten, hin in das Geschehen. Visualisiere es wieder als Licht der Liebe. Erlaube dem Geschehen, hell zu werden. Verweile auch in diesem Tun so lange, bis du die Situation hell und leicht fühlst.

Bevor du die Augen öffnest, zeichne eine liegende 8 vor deinem Herzen und sprich dazu in Gedanken oder noch besser laut: »Ich stehe nicht mehr zur Verfügung. So sei es. So wird es sein.« Dann nimm einen tiefen Atemzug, öffne die Augen und fühle deine veränderte Präsenz.

Das Spiegelgesetz

An dieser Stelle des Buches kommen wir bereits gemeinsam zur Erkenntnis: Das Leben ist in dir. Das Licht ist in dir. Weder das Leben noch du kannst dich verändern, indem du den Auftrag der Veränderung an das Außen abgibst. Veränderung geschieht in mir, in dir, in uns. Und geht von dort hinaus in das Umfeld, in den Alltag, zu den Menschen, mit denen man lebt und zu tun hat, hinein in die Situationen, die uns bewegen und herausfordern. Die Welt ist in dir. Die Welt ist in mir. Und doch ist da auch eine Welt im Außen. Und auch du bist im Außen. Dein Leben zeigt sich ebenso dort im Außen. Die äußere Welt ist ein Spiegel der Welt in dir. Dies ist ein Mysterium, ein wertvoller Schlüssel der Erkenntnis und zugleich auch ein wunderbares Geschenk der Gesetzmäßigkeit des Lebens, dass es dir zeigt, was geschieht, als Spiegel des Außen, dass du erkennen darfst, was sich in dir vollzieht. Wir sind auf der Welt, um glücklich zu sein und Liebe und Güte zu verkörpern. Aber häufig halten alte Schmerzen die Türe unseres Herzens versperrt und stellen genau dafür ein Hindernis dar. Sehr oft wissen wir nicht einmal, wo unsere Wunden liegen, und können daher nichts dafür tun, sie endlich zu heilen.

Es mag durchaus eine Herausforderung sein, sich zu betrachten. Denn die Veränderung, die ansteht, zeigt sich nicht unbedingt in einem schönen Bild. Kann sein, dass man Anmut im Spiegel erwartet und dann anderes sieht. So sage ich direkt: In jedem Menschen begegnest du dir selbst. Einerlei, was du mit einem anderen Menschen erlebst, es spiegelt nur dich selbst. Der Streit, den du hast, zeigt einen Konflikt zwischen deinen inneren Anteilen. Die Ablehnung, die du spürst, spiegelt deine eigene Ablehnung deiner selbst. Deine Beziehungsprobleme sollen dich nur auffordern, endlich eine hingebungsvolle Beziehung zu dir selbst zu entwickeln. Das, was dich nervt, ist das, was dich endlich heilen will.

Denn das Leben hat nur einen Sinn: Selbsterkenntnis. Und das Leben um uns ist so konzipiert, dass es uns mit allem dabei unterstützt, mit jeder Situation, jedem Geschehen, jeder Person. Alles hat eine Botschaft, um uns in die eigene Tiefe zu führen, uns selbst zu erkennen, zu ent-wickeln, von dem, was uns unfrei macht. Alles, was in unserem Leben auftaucht, ist ein Spiegel unseres Bewusstseins und zeigt das eigene Innere.

Ich gehe das Wagnis ein und hole dich ab zu einem kühnen Experiment des Denkens: Mit der Kraft unseres Geistes erzeugen wir – bewusst oder unbewusst – die Wirklichkeit, in der wir leben. So ist jeder Mensch, dem wir begegnen, jede Situation, in die wir geraten, die gesamte Umgebung und auch der Zustand unseres Körpers ein Spiegel unseres Bewusstseins.

So lass uns hier die Gesetze des Spiegels erfahren:

1. Spiegelgesetz

Alles, was mich am anderen stört, ärgert, aufregt oder in Wut geraten lässt und ich anders haben will, habe ich selbst in mir. Alles, was ich am anderen kritisiere oder sogar bekämpfe und verändern will, kritisiere, bekämpfe oder unterdrücke ich in Wahrheit in mir und hätte es gerne anders.

2. Spiegelgesetz

Alles, was der andere an mir kritisiert, bekämpft und verändern will, ist, wenn ich mich deswegen verletzt fühle, in mir noch nicht erlöst. Meine gegenwärtige Persönlichkeit fühlt sich beleidigt – der Egoismus ist noch stark.

3. Spiegelgesetz

Alles, was der andere an mir kritisiert und mir vorwirft oder anders haben will und bekämpft, ist, wenn es mich nicht berührt, sein eigenes Bild, sein eigener Charakter, seine eigenen Unzulänglichkeiten, die er auf mich projiziert.

4. Spiegelgesetz

Alles, was mir am anderen gefällt, was ich an ihm liebe, bin ich selbst, habe ich selbst in mir und liebe dies im anderen. Ich erkenne mich selbst im anderen – in diesen Angelegenheiten sind wir eins.

Mit dem Blick in den Spiegel durchschauen wir, wann wir unsere eigene Welt der Emotionen auf das Äußere projizieren, und können die Aufmerksamkeit wieder zurück in unser eigenes Ich lenken – daher der Begriff des Spiegels. Mit dem Spiegel können wir Licht bewegen, das kennen wir aus Kindheitstagen, als wir damit gespielt haben. Heute ist es nicht anders, wir lenken das Licht vom Außen zurück ins Innen, erkennen dort die Verstrickungen der Emotionen und dürfen sie lösen. Denn durch unsere Emotionen können wir betrachten und verstehen, was sich wirklich für uns in einer Situation zeigt. Auf diese Art und Weise lenken wir das Licht mittels des Spiegels in unsere Innenwelt und machen uns das Leben hell.

Anleitung zum Gebrauch des Spiegelgesetzes

Du erlebst dich in einer emotionalen Situation, wie in den vier Spiegelgesetzen dargelegt. Schließe deine Augen, und betrachte die Situation in einem imaginären Spiegel. Atme dabei siebenmal aus, um Abstand zu gewinnen zwischen dir und dem Erlebten. Lass Raum entstehen, um zu fühlen, zu sehen und zu erkennen. Betrachte die Situation, fühle deine Emotionen. Es geht immer nur um das Gefühl, das eine Situation oder eine Person in dir auslöst. Gefühle sind der Schlüssel. Nehmen wir an, du bist wütend, weil dein Partner sich nicht an eine Vereinbarung gehalten hat. Der Schlüssel ist nun nicht die Vereinbarung bzw. dass du meinst, du würdest dich selbst auch nicht an Vereinbarungen halten, sondern es geht vielmehr darum, was du fühlst. Den Ärger und die Wut. Hinter diese gilt es zu sehen. Lass die Situation selbst verblassen und verschwinden, bleibe ausschließlich beim Gefühl. Nimm intensiven Kontakt damit auf: Was macht die Wut mit mir? Fühle ich mich versetzt? Ausgenützt? Nicht ernst genommen? Und dann geht es um die höhere Wahrheit, die stets über dem Geschehen liegt. Ich bringe es immer mit meinem Selbst in Verbindung. Wie kann sich mein wahres Wesen in dieser Situation ausdrücken? Was möchte geschehen, vom tiefsten und höchsten Punkt aus, zu dem ich Zugang habe? Gibt es eine neue Art zu sein, die sich wahrer, richtiger, heiler und stimmiger anfühlt? Indem ich permanent mit meinem Gefühl verbunden bleibe, alle Emotionen erlaube, aber wach bleibe in ihnen und nach und nach immer mehr meines Ausdrucks aus den Klauen von Konditionierungen, Glaubensmustern und Traumata befreie, kann sich meine Seele immer unverfälschter ausdrücken, und somit kann das Bild des Spiegels zu einem wertvollen Schlüssel werden.

Bringe die Wahrheit ans Licht

Du möchtest dein Leben mit Licht erhellen – dann betrachte es zuerst einmal bei Licht. Und zwar in Ruhe. Mit diesen Übungen wollen wir immer wieder innehalten und uns besinnen auf das, was ist, und auf das, was sich ändern soll. Auch dich führt dein Leben nicht zufällig zu diesem Buch. Unsere gemeinsame Gedankenreise soll auch in dein Leben Veränderung bringen. Besinne dich jetzt für einen Moment, und schenke dir die Zeit, um für dich zu resümieren, wie zeigt sich dein Leben?

- Gibt es Menschen in deinem Leben, die dich immer wieder antriggern?
- Gibt es Situationen, die sich zu wiederholen scheinen?
- Welche Situationen bringen dich emotional auf die Palme?
- Welche Emotion ist es, die dich innerlich heiß laufen lässt?
- In welchem Geschehen um dich kannst du dich wiedererkennen?
- Spontan geantwortet, wer ist dein wichtigster Spiegel?

Affirmationen

Affirmationen zu nutzen ist eine der einfachsten und bekanntesten Methoden, wenn es darum geht, sich zu ändern. Eine Affirmation ist ein selbstbejahender Satz, den wir uns wieder und wieder sagen, um unsere Gedanken umzuprogrammieren. Das Ziel dabei ist, unser Verhalten und unsere Gefühle dauerhaft zu verändern. So zumindest wird es uns immer wieder erklärt und beschrieben, und so ist es nachzulesen. Und ich muss, während ich das hier schreibe, eben schmunzeln.

Eine Freundin, die eine sehr bekannte und erfolgreiche Autorin mehrerer Bestseller ist, erzählte mir von ihrem Schreiben. Sie habe da eine Affirmation, die helfe: »Ich kann schreiben, und es fließt, immer.« So lautet ihre Wortkraft. Ich war begeistert und habe selbiges sofort für mich adaptiert. Die Wörter stehen auf einem Post-it, kleben an meinem Bildschirm. Kein Tag vergeht, an dem ich es nicht sehe. Kein Arbeiten am Computer, ohne dass ich diese Wörter nebenbei lese. Und soll ich ganz ehrlich sein? Ich fühle nicht, dass sich bei mir damit etwas verändert hat. Und es gibt Momente, Stunden, Tage, da kann ich definitiv nicht schreiben. Und es fließt gar nicht, überhaupt nicht. Das Erleben ist konträr zur Affirmation. Offensichtlich geschieht, was mit vielen Affirmationen geschieht.

Zunächst habe ich mir eine fremde Affirmation angeeignet. Alles, was von außen übergestülpt wird, wird niemals dein Eigenes. Entwicklung geschieht aus dem Innen heraus. Und gerade für Affirmationen ist es wichtig, dass wir sie aus dem Innen abholen. Zumindest bei jenen Affirmationen, die wir als verändernde nutzen wollen. Affirmationen aus Kartendecks nützen wir eher als Orakel und Botschaften, und nur weil wir sie ziehen, verändern sie noch nichts, ausschlaggebend ist, dass wir mit dieser Information ins Innen eintauchen. Darauf hab ich wohl verzichtet oder es einfach vergessen. Die Begeisterung ob des schönen Satzes war zu groß, die Verlockung, dass es damit funktionieren könnte, auch. Es schien so passend und so stimmig. Und dann hab ich exakt jenen Fehler gemacht, den viele machen, wenn sie mit Affirmationen versuchen, ihre Welt zu verändern. Ich habe aus der Haltung eines Defizites heraus agiert. Meine Überzeugung war, dass das Schreiben mit der Affirmation »besser« klappt. Die aktuelle Situation schien mir unbefriedigend, nicht ausreichend gut, eine Situation des Mangels an Zufriedenheit, eine Situation des Mangels an Leistung. Jegliche Affirmation, aus einem Defizit heraus formuliert, nährt in Wirklichkeit mit jeder Rezitation erneut das Defizit. Dies ist auch die Erklärung, warum so viele Menschen mit ihren Affirmationen keinen Erfolg haben, weil sie sich in Wirklichkeit an dem unerwünschten Zustand unbewusst festmachen und sich an ihn erinnern. Immer und immer wieder.

Auf derselben Ebene lauert noch eine andere Barriere. Wenn wir aus einer Haltung des Defizits oder des Nicht-Seins heraus eine Affirmation kreieren, dann weiß unser Unterbewusstsein darum.

Mein Unterbewusstsein wusste, die Wörter zum Schreiben fließen eben nicht immer. Und mit »Ich kann schreiben« ist es auch so eine Sache. Ich bin streng mit mir, und es gibt Tage, da fehlt es mir an Selbstbewusstsein, und ich bin von allem Möglichen überzeugt, nur nicht davon, dass ich etwas kann, und schon gar nicht schreiben. Wenn ich nun an einem solchen Tag den Satz formuliere, dann lachen sich alle inneren Saboteure ins Fäustchen: »Das glaubst du wohl selbst nicht«, scheinen sie mir zuzuprusten. Und an solchen Tagen glaubt man es tatsächlich selbst nicht. Das gilt übrigens auch für Ziele, die man sich zu hoch steckt. Wenn man zum Beispiel formuliert »Ich wiege 60 Kilogramm« und im Moment noch knapp über 100 Kilogramm hat und zig Versuche des Abnehmens schon scheiterten. So einfach ist das Bewusstsein dann doch nicht auszutricksen. Es gibt einen gesunden Menschenverstand, und der bombardiert uns mit den Zweifeln. Mit jeder Rezitation der Affirmation nähren wir erneut die Zweifel und stärken die aktuelle, unerwünschte Situation. Das Ziel rückt in weite Ferne.

So einfach ist es also mit den Affirmationen doch wieder nicht. Sind sie überhaupt ein legitimes Mittel, um das Leben zu verändern, um es hell zu machen? An dieser Stelle ein klares JA. JA, das sind sie, unbedingt. Wenn, ja, wenn man sie entsprechend zu kreieren weiß. Und wie entwickelt man nun eine Affirmation?

Anleitung zum Kreieren stimmiger Affirmationen

Nimm dir ein bisschen Zeit für dich. Eine Affirmation, die Veränderung bringen soll, kannst du nicht »zwischen Tür und Angel« aus dem Ärmel fischen. Ich selbst kreiere dazu eine ähnlich sinnliche Atmosphäre wie für eine Meditation und achte darauf, dass ich nicht gestört werde und dass ich mich wohlfühle.

Wähle die Situation, für die du dir Veränderung wünschst. Visualisiere dieses Bild vor deinen inneren Augen, und dann formuliere, was du gerne hättest, zum Beispiel: »Ich bin schlank« – dies also dein Zielbild. Möglicherweise magst du es auch konkretisieren, es festmachen: »Ich habe 10 Kilogramm abgenommen. Ich wiege 65 Kilo.« Dann fühle dich in dieses Bild hinein, sodass du mit dem Bild in der Zukunft Kontakt aufnimmst. Wenn das Bild für dich stimmig ist, nimm es an. Wenn nicht, dann kreiere und suche nach dem Ziel und Bild, dem deine Seele zustimmen kann.

Dann gehe einen Schritt tiefer und frage dich: »Welcher Weg führt mich dahin?« Nun öffne dich einem inneren Bild, das sich dir zeigen mag. Das könnte zum Beispiel sein, dass du andere Nahrung zu dir nimmst, auf Süßigkeiten verzichtest oder mehr Bewegung machst. Diese Antwort nun ist letztlich eine ganz individuelle. Möglicherweise kommst du auch zur Erkenntnis, dass du gar nicht schlanker sein musst, sondern dass dein Körper sich von dir wünscht, so angenommen zu werden, wie er ist. Nehmen wir an, es zeigt sich das Bild der Ernährung, und du hast für dich den Satz »Ich esse leichte und gesunde Sachen« formuliert. Bewege diesen Satz in dir, spiele mit ihm und fühle, ob er für dich stimmig ist oder ob er umformuliert werden will, eine Ergänzung braucht, andere Worte – so lange, bis du dich damit wohlfühlst. Es geht weniger darum, dass dein Verstand sein Okay dazu gibt, vielmehr darum, dass dein Gefühl dazu richtig ist.

Die Variante, die wir hier angewendet haben, ist, dass wir den Weg zum Ziel mit eingebunden haben: Was ist notwendig? Damit individualisieren wir jegliche Wunschbilder. Auf diese Art und Weise ist es sogar möglich, dass wir eine vorgefertigte Affirmation annehmen – sie als Ziel definieren und als nächsten Schritt dann eben nachfühlen, welcher Weg dorthin führt.

In meinem Fall des Schreibens habe ich auch mit der Affirmation gespielt, und letztlich kam ein ganz anderer Satz dabei heraus, der lautete: »Ich bleibe Ablenkungen gegenüber standhaft und bleibe konzentriert auf mein Tun.«

Das Leben hat mich gelehrt, dass die Affirmationen erst die eine Seite der Medaille sind. Sie sind quasi eine Absichtserklärung. Zu ihnen gehört das Tun, das bewusste Tun. In meinem Verständnis gehören Denken, Fühlen und Handeln zusammen. Mit Affirmationen können wir durchaus dem Denken neue Ansätze geben. Verankert und integriert wird es meiner Erfahrung nach durch bewusstes Handeln. Worte werden wahr durch die Energie der Aktion. Die Energie der Aktion kommt aus unserem Zentrum, dem Herzen, von dort, wo wir unser inneres Licht tragen. Mit Tun, das mit unserem wahren Selbst übereinstimmt, nähren wir es, und es leuchtet mehr und mehr, das Leben wird hell. Es kann schon sein, dass gerade zu Beginn manchmal ein Schritt mit tiefem Luftholen nötig ist. Ganz von selbst geschieht nichts. Aber die Affirmationen und das Neugestalten des Denkens unterstützen den Prozess der Veränderung. Das Verhalten wird sich mehr und mehr in der neuen Qualität automatisieren.

In meinem Fall der Affirmation hin zu »Ich bleibe Ablenkungen gegenüber standhaft und bleibe konzentriert auf mein Tun« war es notwendig, danach zu handeln. Deshalb sorgte ich dafür, alle Ablenkungen im Vorfeld auszuräumen, ich schaltete das Handy aus, stellte für Hunger und Durst etwas auf den Schreibtisch und vereinbarte mit mir eine Einheit von Zeit. Zwei Stunden sind ein Zeitraum, über den sich der erwachsene Geist gut konzentrieren kann. Also stellte ich mir eine Uhr, und die Übung der Disziplin lautete, über zwei Stunden keiner Ablenkung Achtung zu schenken. Alle anderen Programme am PC waren geschlossen, ebenso wie die Tür zu meinem Büro. Wann immer ich eine innere Fluchttendenz spürte, aus diesem Rahmen ausbrechen zu wollen, wiederholte ich meine Affirmation: »Ich bleibe Ablenkungen gegenüber standhaft und bleibe konzentriert auf mein Tun.« Und langsam wurde es einfacher – und tatsächlich, das Schreiben wurde zum kreativen, fließenden Prozess, leicht.

Ein anderer Aspekt der Affirmationen zeigt sich darin, dass wir uns bewusst mit dem Feld der Gedanken beschäftigen und es auch absichtsvoll mit positiven Gedanken nähren. So schaffen wir in unserem Gehirn neuronale Netzwerke, die das Alte loslassen und neue Muster erschaffen und damit eine individuelle neue Basis, die unser Sein und Tun heilsam unterstützen. Die Schritte hin zu einem lichten Leben werden leichter: Das Leben wird heller.

Manch ein Affirmationsspezialist mag jetzt sagen, dass eine Affirmation immer mit »Ich bin« beginnen muss, stets positiv formuliert sein muss und auf keinen Fall die Wörter »nicht« oder »kein« beinhalten darf. Prinzipiell stimme ich dem zu. Dennoch erkenne ich immer mehr, dass die Kraft der Absicht des Einzelnen letztlich entscheidend ist. Die Intention desjenigen, der sich bewusst auf die Kreation einer Affirmation einlässt, steht über diesen Regeln. Wenn ich mit klarer Intention und guter Übereinstimmung den Satz aus mir gebäre »Ich lasse mich beim Schreiben nicht ablenken«, dann bin ich fest davon überzeugt, dass das Wort »nicht« nicht zum Stolperstein wird. Meiner Erfahrung nach ist das innere Gefühl ausschlaggebend, das innere Bild, mit dem wir die Worte verankern und das Neue in uns als Weg und Ziel definieren.

Die Kraft der Worte

Wenn wir an dieser Stelle den Affirmationen Aufmerksamkeit schenken, dann braucht es auch die Betrachtung der anderen Seite, der Kehrseite sozusagen. Viele Menschen formulieren für ihre Ziele Affirmationen und erfahren im Alltag, dass sie wirken. Dieselben Menschen formulieren im Alltag unbeabsichtigt Sätze, die sie schwächen und blockieren. Kaum einer ist sich dessen bewusst – zum Beispiel, wenn man im Erzählen sagt »Ich bin ungeschickt am Computer« oder etwa gar »Ich bin gestresst«. Diese Sätze haben gemeinsam, dass der Aussprechende nicht die Absicht hinterlegt, ein neuronales Denknetzwerk im Gehirn zu kreieren. Er tut es aber. Auch mit solchen unbeabsichtigten Formulierungen nähren wir unser Unterbewusstsein. So ein Satz schwirrt selten ziellos in uns herum. Er hat ein Bild, er hat eine Erfahrung, und die wird erneut genährt und gestärkt. Wenn wir von uns erzählen »Ich bin ungeschickt am Computer« und eigentlich in uns die Hoffnung tragen, dass wir dies verändern, nähren wir mit solchen Sätzen die Ausgangsposition und machen es uns schwer, eine Veränderung herbeizuführen.

Eine der unbeabsichtigt stärksten Programmierungen ist der Satz »Ich bin Single«. Die meisten Singles, die ich kenne, wünschen sich eine Partnerschaft. Die beiden Worte »Ich bin« haben eine starke Schöpferkraft in sich. Was auch immer wir daran hängen, es ist kaum aufzusplitten. »Ich bin« wirkt, auch in der unerwünschten Situation. Gleich nach »Ich bin« folgt die Formulierung »Es ist«. Beides sind Formulierungen aus dem Werden und der eigenen Schöpferkraft zugeordnet. So kann ich an dieser Stelle nur ausdrücklich darauf hinweisen, achtsam mit dem eigenen Ausdruck zu sein, denn wer kennt sie nicht, die dem Talmud zugeschriebenen Worte: »Achte auf deine Gedanken, denn sie werden zu Worten. Achte auf deine Worte, denn sie werden zu Handlungen. Achte auf deine Handlungen, denn sie werden zu Gewohnheiten. Achte auf deine Gewohnheiten, denn sie werden dein Charakter. Achte auf deinen Charakter, denn er wird dein Schicksal.«

Es gibt in unserer Sprache noch einige andere Wörter, die sehr trickreich in unserem Inneren als Saboteure schlummern. Dazu gehören Wörter wie »probieren«, »vielleicht« und »ich hoffe«. Diese Wörter tragen auch die Energie von »nicht gelingen« in sich und reduzieren damit die Schöpferkraft sowie die Aussicht auf den Erfolg von vornherein um 50 %. Andersrum, es kostet dich 50 % mehr Anstrengung, das Ziel zu erreichen. Streiche diese Wörter komplett aus deinem Sprachschatz und ersetze sie einfach durch »Ich werde es TUN«. Ein ähnliches Wort ist »zulassen«. Viele Menschen verwenden es in ihrem Sprachgebrauch, damit etwas möglich wird. »Ich lasse es zu, dass die Fülle für mich fließt«, zum Beispiel. Doch zulassen bedeutet, es bleibt etwas zu. Zu ist zu, da kommt nichts rein und nichts raus. Wenn wir wollen, dass sich ein Feld für uns öffnet, dann sollten wir es so formulieren: »Ich erlaube, dass die Fülle für mich fließt.« Oder »Ich öffne mich für die Fülle, die für mich fließt«.

Die Liste von Worten ließe sich weiter ausführen. Darauf verzichte ich hier an dieser Stelle und appelliere an dich, bewusst mit Worten umzugehen, hinzuhören, welcher Worte du dich bedienst, und so manche davon aus deinem Sprachgebrauch zu verbannen.

Verzeihen und Versöhnen

Das Leben ist Werden. Es wird aus den Ereignissen, mit denen es sich füllt. Aus ihnen lernen wir, entwickeln uns, entdecken uns und werden. Alldem ist unser Leben gewidmet, und es braucht dazu die Erfahrung und das Erleben. So kreieren wir selbst auf einer anderen Ebene die Situationen, Begegnungen und Herausforderungen und haben dazu die Menschen, die mit uns sind, eingeladen. Nur durch sie ist das Erleben möglich. Nur durch sie geschieht die Interaktion. Sie sind uns Lehrer und wir ihnen, gleichermaßen. Auf einer anderen Ebene, jener der Seele, ist all dies vorab abgesprochen, wenngleich man auf Seelenebene das Wort »abgesprochen« nicht so wörtlich nehmen darf. Als Regisseure unseres Lebens haben wir die Mitspieler für den Film gewählt, haben die Rollen zugeordnet, manch eine ist bedeutend, andere erhalten eher die Rollen der Statisten. Was auch immer Menschen miteinander leben und erfahren, einander zumuten und antun – auf einer anderen Ebene ist es vereinbart, so vorgesehen und dient dem Werden. So wage ich zu sagen, dass besonders jene Menschen, die uns im Alltag scheinbar das Leben sehr schwermachen oder uns emotional sehr verletzen, uns auf der Ebene der Seele besonders in Liebe zugetan sind. Denn die Liebe ist die Essenz der Seele, und einander in einem scheinbaren liebesfernen Verhalten zu begegnen, ist wahrlich ein Liebesdienst einer Seele. Anders ausgedrückt: Jene, die uns am meisten zumuten oder verletzen, sind jene, die uns am innigsten lieben. Sofern sich Liebe überhaupt (be)werten lässt.

Unserem Menschenverständnis, das nur die Dimension des Moments erkennt, scheint dieser Gedanke sehr fremd. Doch wenn man wagt, über diesen Erlebnismoment hinauszusehen, kann man erkennen, dass es stets einen weiteren Spannungsbogen zum Erleben einer Geschichte gibt. Alles steht im Dienst der Entwicklung einer Persönlichkeit, im Sinn des stetigen Vorankommens und Weitergehens. Und doch scheint es, als ob man manches Mal in den Ereignissen stillsteht, festgewachsen ist in der Situation. Kein Vorwärts, kein Rückwärts scheint möglich. Eine Illusion? Nein, wahrlich nicht. Es sind die Bindungen, die uns in die Verstrickungen holen. Wir verharren in der Starre. Es ist die Unfreiheit, die uns festhält. Der Weg, der Schritt in die Freiheit wäre einfach: Vergebung und Versöhnung.

Vergebung ist der erste Schritt hinein in die Freiheit. Mit ihr lösen wir uns aktiv und mit Absicht aus der Situation des Geschehens, aus dem wir lernen durften. Und erst wenn wir frei von der Situation und allen Beteiligten sind, sind wir auch frei dafür, das Gelernte zu integrieren. Der nächste Schritt im Vorankommen unserer Entwicklung kann getan werden. Verschließen wir uns vor der Vergebung oder übersehen wir diesen wichtigen Schritt, indem wir verdrängen, dann sind wir gebunden, festgehalten, stehen still. So sehe ich die Qualität von Vergebung und Versöhnung als essenziell, um das Leben hell zu machen. Vergebung und Versöhnung sind nicht dasselbe. Sie reichen einander die Hand. Vergebung ist der aktive Part. Es folgt die Versöhnung – ein Zustand der Gnade, des Friedens mit der Situation. Vergebung ist der Schlüssel, Versöhnung das Tor und der Raum, die damit geöffnet werden.

Der Weg der Versöhnung beginnt mit einer bewussten Hinwendung zu uns selbst, zu unseren Gefühlen, unseren Gedanken, unseren Überzeugungen, unseren Glaubenssätzen, kurz gefasst: zu unserem inneren Kern. Unser Herz verlangt nach Klärung und innerem Frieden, um glücklich zu sein. Unser Gefühlsleben ist ein lebendiges System, voller Energie und Kreativität, aber auch anfällig für Verwundung. Es liegt in der

Natur des Menschen, dass er Verwundbarkeit verhindern möchte, Schmerz nicht fühlen will. Naheliegend wäre: Verdrängen. Abhaken. Einfach vergessen. Ganz nach dem Motto: »Vorbei ist vorbei, und die Zeit heilt alle Wunden.« Wenn es denn so einfach wäre … denn exakt das ist der Grund, warum wir unfrei sind, nicht vorankommen, in den Situationen scheinbar gefangen sind. Mit dem Verdrängen lösen wir die Situation nicht. Und wenn wir mit der Vermeidung des Schmerzes Energie binden, um nicht zu fühlen, dann ist unsere Lebensenergie an die Situation der Erfahrung gebunden, und wir ziehen uns selbst in einen Teufelskreis. Während wir die Runden darin ziehen, bietet uns das Leben wieder und wieder die Möglichkeit an, den Schmerz zu erfahren. Jedes Mal, wenn wir mit einer belastenden Situation konfrontiert werden, werden wir zu einer Entscheidung aufgerufen. Doch im menschlichen Bedürfnis, die Wunde nicht wieder zu fühlen, dem Schmerz auszuweichen, reagieren wir erneut mit Vermeidung oder Flucht. Vermeidung ist ähnlich wie der Kampf, wir gehen in die Opposition, in die Ablehnung. Und indem wir unsere Energie aufwenden, um dem Schmerz zu entfliehen, geschieht genau das, was wir eigentlich vermeiden wollen. Energie kennt in sich selbst keinen Unterschied: Wir nähren mit der Energie der Abwehrtaktik das Erleben des Schmerzes. Das will heißen: Je mehr wir uns bemühen, die Situation von uns fernzuhalten, umso mehr ermöglichen wir ihr, uns zu erreichen. Wir kommen mit ihr wieder und wieder in Kontakt, und wenn wir uns ihr nicht stellen, im Sinne der Vergebung und Versöhnung, verstricken wir uns mehr und mehr, und ein Vorankommen scheint immer weniger möglich. Je mehr wir den Schmerz vermeiden wollen, umso mehr dürfen wir ihn fühlen.

Die naheliegende Option, die der Mensch dann sieht, ist Flucht, gleichzusetzen mit Verdrängen. Wir wollen das Erlebte vergessen, ihm nicht wieder begegnen. Doch auch hier geschieht dasselbe: Die Energie, die wir aufwenden, um dem Erlebten, dem Schmerz zu entkommen, um ihm aus dem Weg zu gehen und uns davon fernzuhalten, nährt erneut das Geschehen und gibt ihm die Kraft, wie ein loderndes Feuer aktiv zu sein. Weder Kampf noch Flucht, weder Vermeidung noch Verdrängung sind möglich. Beides verstrickt, beides hält uns gefangen und lässt uns in unserer Entwicklung stagnieren. Beides lässt uns den Schmerz intensiver fühlen. Der einzige Ausweg sind Vergebung und Versöhnung.

Und um hier auch die Luft aus den Segeln zu nehmen – es geht ausschließlich um sich selbst. Sich für die Vergebung zu öffnen bedeutet, sich für die eigene Freiheit zu entscheiden, für das eigene Vorwärtskommen auf dem Weg der Ent-wicklung.

Oftmals höre ich: »Das kann ich ihr/ihm nie verzeihen.« So mancher meint, mit dieser Vergeltung angemessen auf einen intensiven Schmerz oder eine äußerst unfaire Handlung zu reagieren. Das ist ein Irrtum. Den anderen hindern wir in seinem Vorankommen nicht, aber uns selbst. Wir wollen uns revanchieren, indem wir stur reagieren, dabei strafen wir aber uns selbst ab, indem wir festhalten am Nichtverzeihen. Hier kommt sozusagen das Gesetz des Ausgleichs in Anwendung: Was du einem anderen zufügst, das wirst du selbst erfahren. Seelischer Schmerz löst sich also nicht von selbst auf. Im Gegenteil, unbearbeiteter Schmerz kann uns bitter werden lassen, uns unsere Handlungsfreiheit nehmen und damit auch die Lebensfreude. Fehlende Lebensfreude ist ganz oft auf stagnierende Prozesse und damit verbunden auf fehlende Vergebung zurückzuführen. Das gilt auch für so manche Erkrankungen wie zum Beispiel jene des Herzens oder des Immunsystems. Die seelische Ursache ist zunächst nicht auf den zugeführten Schmerz und damit in der Emotion zu finden,

sondern auf die fehlende Bereitschaft zur Vergebung zurückzuführen.

Der Akt der Heilung ist notwendig, im wahrsten Sinne des
Wortes, und zwar als freier Akt der Entscheidung unseres
Herzens. Versöhnung öffnet den Herzensweg. So lässt sich
unser Leben gestalten, mit dem Ziel von großer Lebensfreude und Freiheit. Wir sollten nicht den Rucksack vergan-
gener emotionaler Verletzungen mit in die Zukunft tragen.

Es kann gut sein, dass es dazu Zeit braucht. Etwas zu wollen kommt stets aus dem Verstand. Doch Vergebung geschieht
aus der Ebene des Herzens. Das Herz weiß um den rechten
Zeitpunkt. Das ist nicht dasselbe wie Verdrängen. Wenn man
einem Prozess die Zeit gibt, die er benötigt, ist man in gesundem Kontakt. Man nährt nicht die Negativebene, sondern
bleibt in Verbindung mit dem Fühlen, um den rechten Moment für Vergebung wahrzunehmen. Man ist eigentlich jederzeit bereit, mit der Seele in Startposition, bereit für die nächsten Schritte des Vorankommens. Man wartet nur darauf, dass
das Herz so weit ist.

Was heißt es, zu verzeihen und sich zu versöhnen? Wie
kann es gelingen? Warum ist es so schwierig? Zu verzeihen
und sich zu versöhnen ist manchmal ein langwieriger Prozess,
der aber zu einer größeren Freiheit führt und uns aktiv unser
Leben gestalten lässt. Dieser Prozess hilft dabei, dass wir
nicht der Vergangenheit verhaftet bleiben, er macht uns frei
und erlöst uns aus der Opferposition. Versöhnung ist nicht
»machbar«, man kann sie auch nicht wollen – wir können uns
nur bereit erklären. Sich zu versöhnen ist mehr als verzeihen,
beruht aber auf dem Verzeihen. Um verzeihen zu können,
muss man die Verletzung wahrnehmen und die damit verbundene Emotion spüren. An Schmerz, Wut, Sturheit, Angst ket-
ten sich meist weitere Emotionen. Dennoch kann gut sein,

dass wir nicht jegliche emotionale Schmerzerfahrung geson-
dert bearbeiten bzw. heilen müssen, sondern dass mit dem Akt
des Vergebens und Versöhnens auch die emotionale Wunde
heilt, dass der Prozess sich schließt.

Für den Akt des Verzeihens und Versöhnens muss die andere Person nicht anwesend sein. Es ist ein Geschehen in unserer inneren Lebenslandschaft. Wenn wir von innen heraus mit
allem und jedem versöhnt sind, sind wir auch von innen heraus
frei, das Herz ist versöhnt, und die Dinge können in die rechte
Position rücken. Lebensenergie kann wieder frei fließen.

An dieser Stelle möchte ich dir eine kurze Anleitung für
den Schritt des Verzeihens anbieten:

Beginne mit einem Gebet an die Situation und an die ande-
re(n) Person(en). Dazu kannst du ein Foto verwenden, den/
die Namen auf eine Karte schreiben oder sie einfach nur
mental visualisieren. Sprich laut oder leise folgendes Gebet:

*Liebe/r ..., ich vergebe dir von ganzem Herzen, für alles,
was ich glaube, dass du mir in diesem oder einem anderen Leben angetan hast. Ich bitte dich um Vergebung,
wenn ich in diesem oder einem anderen Leben etwas getan habe, das dich verletzt hat. Ich vergebe dir, da ich
weiß, dass wir auf einer anderen Ebene verabredet hatten, genau diese Dinge zu lösen. Und ich vergebe all den
Situationen, die das erschaffen haben. Und ich vergebe
mir, für die Rolle, die ich dabei gespielt habe. Ich habe
völlig vergeben. Danke, es ist getan. Amen.*

Dann schließe deine Augen und kreiere als inneres Bild
jene Situation, in der die emotionale Verletzung geschah,
egal ob du der Täter warst oder eine andere Person.

Fühle die Energie des Geschehens, nimm sie ganz in dich auf. Dann bitte die andere Person innerlich vis-à-vis zu dir, sodass du Augenkontakt und Herzkontakt aufnehmen kannst. Spüre die Liebesenergie, die du in deinem Herzen trägst (oftmals schlägt das Herz in diesen Momenten etwas kräftiger), dann lass die Energie deines Herzens zur anderen Person fließen, und hülle sie in ein »lichtes Bad« von Herzensenergie. Verweile in diesem Kontakt, und öffne dich für die Liebesenergie deines Gegenübers. Sei gewiss, auch diese Person möchte mit dir in Liebe verbunden sein und wird dir mit der Energie ihres Herzens antworten und dich in eine Energiewolke der Liebe hüllen. Genieße den liebevollen Austausch einige Minuten lang. Wiederhole das Ritual in den nächsten sieben Tagen einmal täglich.

Es kann aber auch sein, dass man nicht für Vergebung bereit zu sein scheint. Dass man das Herz verschlossen hält und sich selbst nicht nur in die Opferrolle manövriert hat, sondern auch dort unbewusst festhält. Die Kränkung, die Verletzung scheint auszureichen als Begründung, dass man nicht verzeihen kann oder will. Der kontrollierende Verstand wirkt hartnäckig, blockiert den Prozess. An dieser Stelle möchte ich noch einmal darauf hinweisen, dass es kein Akt für die andere Person ist. Es geht ausschließlich um dich selbst. Somit ist der Akt des Verzeihens und Vergebens als eine Zeremonie der Selbstliebe zu sehen. Möglicherweise ist auch diese blockiert, und darin liegt die Ursache für die fehlende Bereitschaft. Dann ist es hilfreich, bei der Blockade der Selbstliebe anzusetzen und zu ergründen, warum man an dieser Opferrolle festhält. Auch hier bieten sich Wege an, hinein in die persönliche Freiheit.

Der Prozess der Vergebung ist einer jener Aspekte, die mir am meisten Licht ins Leben bringen. Es lässt sich nicht vermeiden, dass im alltäglichen Leben Dinge geschehen, getan und gesagt werden, die beleidigend, abweisend oder verletzend sind. Manchmal wird es laut, auch wenn man das nicht will. Die inneren Emotionen scheinen wie wilde Pferde mit einem durchzugehen. Das kenn ich von mir, und deshalb hab ich auch Verständnis, wenn es anderen so ergeht. Trotzdem kränkt es mich. Aus dieser Haltung heraus ist die Vergebung beinahe wie ein tägliches Abendgebet für mich. Es fühlt sich einfach gut an, wenn man sich der Liebe öffnet und den Groll zwischen zwei Menschen auflöst. Auch selbst etwas tun zu können, nicht abhängig vom guten Willen des anderen zu sein macht frei.

Ich habe für mich beobachtet, dass ich, seit das Vergebungsritual in meinem Leben ist, mit allen Menschen »gut« bin. Es scheint meinem zwischenmenschlichen Verbindungs(energie)feld einfach fremd geworden zu sein, Anspannungen zu dulden. Es löst sie einfach auf. Das macht frei. Das erlaubt auch Nähe.

Die Beziehung zu anderen Menschen ist mir auf dem Weg zu einem hellen Leben die wertvollste Antwort des Lebens geworden. Als ob mir ganz viele Freunde geschenkt worden wären. Als ob mir alle Türen in Beziehungen hinein geöffnet worden wären. Ich, die früher eher dazu neigte, für sich zu sein, und sich gegenüber anderen Menschen leicht verschloss, genieße es sehr, wirklich in Kontakt zu sein.

So möchte ich dich ermutigen, dich dazu zu entscheiden, dein Leben hell zu machen für mehr liebevolle Beziehungen und Freundschaften.

Bring die Wahrheit ans Licht

Du möchtest dein Leben mit Licht erhellen – dann betrachte es zuerst einmal bei Licht. Und zwar in Ruhe. Mit diesen Übungen wollen wir immer wieder innehalten und uns besinnen auf das, was ist, und auf das, was sich ändern soll. Auch dich führt dein Leben nicht zufällig zu diesem Buch. Unsere gemeinsame Gedankenreise soll auch in dein Leben Veränderung bringen. Besinne dich jetzt für einen Moment, und schenke dir die Zeit, um für dich zu resümieren, wie zeigt sich dein Leben?

* Fällt es dir schwer zu verzeihen?
* Welches ist die Eigenschaft, die dir scheinbar das Verzeihen erschwert?
* Welche Ereignisse in deinem Leben haben dich besonders verletzt?
* Gibt es Menschen, die dich so verletzt haben, dass du scheinbar nicht bereit bist, ihnen zu verzeihen?
* Was könnte sich für dich verändern, wenn du dennoch verzeihst?

Dankbarkeit

In der Fülle des Alltags geschieht es ganz leicht, dass wir getrieben sind von dem, was zu tun ist, was zu erledigen und zu erreichen ist. Viel zu viel strömt und wirkt auf uns ein, und wir sind überfordert in der Wahrnehmung – überflutet von allem. Wir lösen das innere Band zu uns selbst. Dabei ist die innere Verbindung die Essenz und der Schlüssel für bewusstes Sein, für das Licht und damit ein helles Leben. Verlieren wir diesen Kontakt, verlieren wir die Beziehung zu uns selbst. Dies ist der größte Schmerz, den wir uns zufügen können. Und so erfolgt als Erstreaktion, wie mit allen Schmerzen, dass wir unser Herz verschließen, um nicht fühlen zu müssen, dass es verletzt wird. Ein einsames Herz, verlassen von uns selbst.

Das Geheimnis des heilenden Wirkens hierzu ist einfach, es lautet Dankbarkeit.

Dankbarkeit ist eine essenzielle Qualität. Sie verbindet uns mit der Lebenskraft als Schöpferkraft. Sind wir verbunden mit der Kraft der Dankbarkeit, ist es möglich, dass wir uns den Himmel auf Erden erschaffen, denn Dankbarkeit ist die Essenz aller Spiritualität und der Weg zum wirklichen Glück. Wenn du dankbar bist, ist dein Herz offen: offen für dich selbst, offen gegenüber anderen, offen für Überraschung. Und ein offenes Herz ist Voraussetzung für ein Leben in Vielfalt und Fülle. Wer dankbar ist, für den verändert sich alles. Denn worauf deine Aufmerksamkeit gerichtet ist, das vermehrt sich. Das Leben wird schön und wertvoll, reich, kreativ und erfüllt. Und wenn ich dankbar bin, führt mich das in die Begegnung mit dem Lebendigen. Dankbarkeit ist das Bewusstsein, dass das ganze Leben ein Geschenk ist. Das bedeutet auch, sensibel zu bleiben für all die Nicht-Selbstverständlichkeit im Leben.

Mit der Energie von Dankbarkeit kreieren wir ein magnetisches Feld der Fülle, denn Dankbarkeit setzt das Gesetz der Anziehung in Aktion. Das Universum, in dem wir uns bewegen, funktioniert nicht nach Zufall. Wir leben in einem Universum, das auf Gesetzen beruht. Das Gesetz der Dankbarkeit besagt als natürliches Prinzip, dass Handlung und Reaktion immer gleich sind, aber in entgegengesetzte Richtungen laufen. Das bedeutet, dass alles, worauf wir unsere Aufmerksamkeit richten, gut oder schlecht, auch in unserem Leben auftaucht. Wenn wir Energie auf etwas richten, ist das sozusagen ein Auftrag, den wir erteilen. Deshalb ist es wichtig, dass wir die positive Energie der Dankbarkeit nutzen. Sie ist eine sehr hohe Energie, eine positive Schwingung der Gedanken, die wie ein Magnet anziehend wirkt. Wenn wir unseren Geist auf das ausrichten, wofür wir dankbar sind, bringt uns die kreative Macht des Universums mehr davon. Es wird ein niemals endender Fluss sein: Wir drücken Dankbarkeit aus und bekommen als Antwort mehr für unser Leben zurück, wofür wir noch mehr Dankbarkeit aufbringen können. Dankbarkeit ist unsere Antwort an die Schöpfung. Wenn wir uns mit der Kraft der Dankbarkeit verbinden, sind unsere Augen offen, wir nehmen »wahr«. Dies inspiriert mehr und mehr Gelegenheiten, zu sehen und die Verbundenheit mit allem zu spüren, das uns umgibt, das für uns geschieht, das wir selbst sind.

Es lohnt sich, dankbar zu sein, denn in dieser Aufmerksamkeit verändert sich unser Empfinden: Wir kosten die schönen Momente des Lebens intensiver aus. Positive Gefühle wie Freude, Begeisterung, Optimismus nehmen wir bewusster wahr. Wir fühlen eine stärkere Verbundenheit zu allem Leben, sind zufriedener und fühlen uns der Schöpfung und dem Göttlichen näher. Das verändert unser Gefühl von Selbstliebe, Selbstwert und Selbstbewusstsein, und die negativen Gefühle wie Neid, Gier, Bitterkeit, Minderwertigkeit reduzieren sich. Dankbarkeit ist die Kraft, die dafür verantwortlich ist, dass wir besser mit Krisen und Stress umgehen können, und sie trägt maßgeblich zu einer besseren psychischen Gesundheit bei.

Für viele Aspekte meines Lebens pflege ich nur ein Ritual oder verschiedene Rituale, aus denen ich wähle. Bei Dankbarkeit ist es für mich anders. Dankbarkeit sollte in jeden Augenblick des Alltags integriert sein. Dennoch geschieht es schnell, dass wir Kleinigkeiten im täglichen Trubel vergessen. Deshalb ist es mir eine Freude, hier einige meiner Dankbarkeitsrituale des Tages mit dir zu teilen:

Das erste Gefühl der Dankbarkeit hab ich mir für den Morgen angewöhnt. Wann immer, wo immer ich morgens die Augen öffne, ist mein erster Gedanke ein »Danke« ans Leben selbst oder ans Göttliche (wen immer du ansprechen magst), dass ich mit dem morgendlichen Aufwachen erneut wieder das Leben in mir fühle. So sage ich einfach: »Danke, dass ich bin. Danke für den neuen Tag.« Dazu nehme ich bewusst einen tiefen Atemzug, den ich durch meinen Körper fließen lasse, um das neue Leben, den neuen Tag zu begrüßen und willkommen zu heißen.

Ein anderes Dankesritual lebe ich täglich in der Dusche, nämlich dann, wenn ich danach das Wasser abziehe. Mit jeder Bewegung sage ich Danke, dass ich diese Dusche überhaupt besitze. Ich sage Danke an jene, die es möglich machen: den Arbeitgeber, meinen Mann, die Kunden, die Arbeitskollegen, nicht zuletzt auch jene, die das Haus gebaut haben, die Handwerker usw. Dies lässt sich ebenso anwenden, wenn man sein Auto wäscht, die Wohnung putzt oder den Garten pflegt.

Ein anderes Dankesritual lebe ich beim Einkaufen. Wann immer ich bezahle, schicke ich ein Danke an alle, die das Bezahlen möglich machen, und dafür, dass der Geldfluss überhaupt existiert. Erneut an meine Arbeit, die Kunden, die Bank, den Bankomat – ja, auch die »toten Dinge«, Gerätschaften, die mir mein Leben erleichtern, bekommen ein Dankeschön.

Und natürlich habe ich ein Danke-Buch. Es begleitet mich schon seit vielen Jahren, und ich habe mir angewöhnt, jeden Abend wenigstens fünf Dinge zu notieren, die direkt mit dem Tag in Verbindung stehen und für die ich dankbar bin. Ich mache dies bewusst schriftlich und nicht nur gedanklich. Denn im Ausdruck liegt eine andere Kraft, und wenn ich an manchen Tagen durch das Buch blättere, darf ich erkennen, wie viel Reichtum in meinem Leben wirkt, wie viel Fülle mich tagtäglich umgibt, wie sehr ich mich gesegnet fühle. Und an manchen Tagen, die sich vielleicht etwas weniger schön zeigten, da ist das Blättern und Lesen wahrlich Genuss und verändert die Wahrnehmung, holt mich heraus aus dem Tief und katapultiert mich direkt über den Weg der Dankbarkeit in den Genuss des Lebens zurück.

Bei meinen Seminaren lege ich stets ein gemeinsames Danke-Buch auf, in das alle Teilnehmer während der gemeinsamen Zeit schreiben können. Damit kreieren und nähren wir auch ein kollektives Feld und ein gemeinsames Bewusstsein. Eine meiner Teilnehmerinnen hat diese Idee für ihre Familie aufgegriffen, und so liegt in deren Zuhause an einem dafür gewidmeten Platz stets ein Danke-Buch auf, um die Gedanken der Familienmitglieder aufzunehmen. Das ist ein Geschenk dieser Frau an ihre Familie, mit dem die Kinder von klein auf in einem Feld der bewussten Dankbarkeit (auf)wachsen dürfen.

Bei all den Dankesritualen vergesse ich nie, mir selbst zu danken. Ein Danke an mich gerichtet, dass ich bin, wie ich bin, dass ich tagtäglich mein Bestes gebe und beitrage für mehr vom Leben, zu meinem Wohl und zum Wohle aller. Und eigentlich gehört es nicht erwähnt, doch der Vollständigkeit halber tu ich es. Es geht um das ganz alltägliche Danke: das Danke, das wir erwidern als Wertschätzung und Anerkennung, wenn ein anderer für uns etwas tut, uns etwas reicht, sich uns zugewandt hat, mit Worten oder Taten.

Gebet der Dankbarkeit

Ich spure den Atemzug, der meinen Körper erfüllt – und sage Danke.

Ich fühle meinen Herzschlag und spüre: Ich bin – und sage Danke.

Ich folge dem Blick meiner Augen – und sage Danke.

Ich höre das Leben, das mich umgibt – und sage Danke.

Ich genieße den Duft der Welt – und sage Danke.

Ich sehe das Kunstwerk der Schöpfung, das mich umgibt – und sage Danke.

Ich fühle die Verbundenheit mit dem Leben – und sage Danke.

Ich nehme wahr, ich bin nicht allein – und sage Danke.

Dankbarkeit in mir, in all meinen Zellen. So ist es. Ja. Amen.

Bring die Wahrheit ans Licht

Du möchtest dein Leben mit Licht erhellen – dann betrachte es zuerst einmal bei Licht. Und zwar in Ruhe. Mit diesen Übungen wollen wir immer wieder innehalten und uns besinnen auf das, was ist, und auf das, was sich ändern soll. Auch dich führt dein Leben nicht zufällig zu diesem Buch. Unsere gemeinsame Gedankenreise soll auch in dein Leben Veränderung bringen. Besinne dich jetzt für einen Moment, und schenke dir die Zeit, um für dich zu resümieren, wie zeigt sich dein Leben?

- Wofür bist du dankbar, ganz allgemein?
- Nenne wenigstens fünf Punkte, für die du dir selbst dankbar bist.
- Welches Ereignis hat dich zuletzt ganz besonders mit Dankbarkeit erfüllt?
- Gibt es eine Person in deinem Leben, der du ganz besonders dankbar bist?
- Wofür?

Lichtvoll leben

Ich bin gerade von einem Seminar zurückgekommen und fühle mich beschenkt. Ich war in Südfrankreich an einem magischen Ort und habe dort mit Frauen das innere Licht erstrahlen lassen. Es war ein Genuss! In diesem Jahr war ich bereits in Tirols Bergen, in der Schweiz, in Deutschland, auf Ibiza, Korfu und in Südfrankreich. Ich darf an wunderschönen Plätzen arbeiten, wo andere Menschen Urlaub machen, darf das Meer, die Sonne und mein Tun genießen. Arbeiten an schönen Plätzen, das habe ich mir gewünscht und visualisiert, vor vielen Jahren. Es ging in Erfüllung, mit Leichtigkeit. Ja, mein Leben ist wahrlich reich und erfüllt. Es ist mir erlaubt, dem inneren Ruf zu folgen, ich habe meine Berufung zum Beruf gemacht. Der Himmel hat mich geführt, ich habe es gewagt zu folgen, und die Türen gingen auf. Meine Seminare sind gut gebucht, stets gibt es Wartelisten. Ich werde zu Vorträgen und Veranstaltungen eingeladen, die Menschen freuen sich, mich zu treffen. Ich weiß diesen Erfolg zu schätzen. Es ist nicht selbstverständlich.

Mit der Post erreichen mich zwei Magazine. Ich lache mir daraus entgegen. Ich darf schreiben, ich bin Autorin. Ein Wunsch meiner Kindheit hat sich damit erfüllt. Ich lebe meinen Traum als Wirklichkeit. Der Redakteur schätzt meine Arbeit, mein Input ist für ihn wertvoll. Meine Ideen sind willkommen, meine Gedanken tragen bei zum Ganzen. Ich bin Teil dessen, wofür ich arbeite. Diesen Segen weiß ich auch zu schätzen.

Zuhause bin ich in den Bergen Tirols. Hier lebe ich mit meiner Familie in einem wunderschönen Heim. Ich kann in die-

sem zauberhaften Reich mit Garten, Blick auf die Berge, Sonnenaufgang, Sonnenuntergang genießen, ebenso die Stille und das Leben, Schönheit überall. Ich teile dies mit meinen drei Kindern und einem liebevollen Mann. Meine Tochter und meine Söhne sind für mich Reichtum, sie sind individuelle Persönlichkeiten, stark und voller Leben. Sie tragen in die Welt, was ich ihnen über Jahre vorgelebt habe. Sie machen einen Unterschied, erheben ihre Stimme und gestalten mit. Ja, ich bin stolz auf sie. Allesamt sind wir gesund. Keine Krankheit, keine Not, keine Ängste trüben unseren Alltag. Glück und Freude erfüllen unsere Tage. Alles ist da, alles, was ich mir je gewünscht und erträumt habe.

Mein Alltag gestaltet sich einfach, beinahe immer. Meine Seelentiefs kenne ich fast nur mehr aus der Erinnerung. Meine Lebensthemen liegen auf dem Tisch. Ich kenne sie. Viele Hausaufgaben hab ich schon gemacht. Vieles andere erscheint nur noch als Übung, als Training im Alltag. Ich sehe und erkenne, ich weiß um die Dinge, und das macht das Leben hell und damit auch licht und leicht. Das Leben ist für mich Genuss und Freude. Komfortzonen zu verlassen bietet sich als Spiel an, nicht mehr als Dringlichkeit. Schritte offerieren sich als Varianten der Möglichkeiten, nicht mehr als herausfordernde Notwendigkeit im Sinne des Wortes. Ja, ich liebe mein Leben, und ich fühle und erlebe tagtäglich, wie sehr mein Leben mich liebt. Wie sehr es mir jeden Tag zum Geschenk macht.

Und ich weiß, meine Seele hat noch mehr Mehr für mich bereit, mehr als ich mir vorstellen kann. Mehr an Fülle, Vitalität, Freude und Liebe. Ich bin bereit, mein Herz ist offen, um all dies zu empfangen.

An dieser Stelle wage ich zu sagen: Heilung ist geschehen, seit ich mein Ja für ein lichteres Leben ausgesprochen habe, seit ich mein spirituelles Ich in mein Leben eingeladen habe. Heilung ist geschehen, alles ist ganz geworden. Ich durfte erkennen, dass ich mehr bin als nur das Menschen-Ich. Durch Forschen und Ergründen konnte ich mein eigenes Lichtwesen entdecken, jenes Ich, das nicht sichtbar ist, aber Teil meines Ichs: mein spirituelles Ich. Und wie es das Wort »spirituell« vermittelt, ist es ein »geistiges Ich«. Also ein Lichtwesen, unsichtbar für das menschliche, irdische Auge und genau deshalb wieder sichtbar.

Alles im Universum besteht aus Licht. Licht ist der Ursprung aller Dinge. Das wusste Albert Einstein, doch er war nicht der Einzige und nicht der Erste. Schon im Mittelalter hat Jakob Böhme den Satz geprägt: »Materie ist gefrorenes Licht.« Alles ist aus Licht entstanden. Licht ist, was die Welt im Innersten zusammenhält. Propheten aller Kulturen haben bereits vor Jahrtausenden darauf hingewiesen. Auch in der biblischen Schöpfungsgeschichte ist zu lesen: »Es werde Licht.«

Doch selbst wenn man sich in der Entstehungsgeschichte nicht an die Bibel wendet, sondern lieber an die Wissenschaft und den Urknall, begegnet man wieder dem Licht. Nach Ansicht vieler Quantenphysiker besteht das Universum aus Licht.

Für mich ist es stimmig und schlüssig: Wir Menschen sind bewusstes Licht. Wir bestehen aus Licht, und wir denken mit Licht. Unsere Wirklichkeit ist also der Widerschein des Lichts, das unseren eigenen Gedanken entströmt.

Licht und Liebe sind eins. Diese Erfahrung war für mich ein wichtiger Schlüssel. Doch erlebe ich tagtäglich, dass ich das Licht auch beschützen darf. Der Alltag ist manchmal stürmisch, und es kann sein, dass das Licht erlischt, scheinbar, oder zumindest flackert und so klein wird, dass wir meinen, es nicht mehr wahrnehmen zu können. Deshalb habe ich in einem weiteren Moment meines Lebens ein bewusstes Ja ausgesprochen. Ein Ja, das das Licht in meinem Leben ehrt. Ein Ja zu meinem Licht und ein Ja zur Liebe, ein Ja zum Licht der anderen. Ich habe mich entschieden, all mein Tun lichtvoll werden zu lassen.

Indem man dem Licht mehr Raum gibt und es selbst mit seiner Lebensweise nährt, hält man auch den Raum frei von Verstrickungen und Begrenzungen. Mit dem Ja zu einem lichtvollen Leben werden jene Muster und Begrenzungen weniger, die uns unfrei machen. Je lichtvoller wir unseren Alltag gestalten, umso freier sind wir für das Licht der Liebe. Ich fühle mich frei. Ja, frei. Mit Freiheit meine ich damit aber nicht »von« irgendetwas oder irgendjemandem. In allererster Linie ist es eine innere Freiheit, weil alles möglich ist. Der Himmel scheint sich zu öffnen. Eine unendliche Weite tut sich in uns und in unserem Leben auf. Viel mehr, als ich einst glaubte, ist plötzlich in meinem Leben möglich. Die Begrenzungen lösen sich, weil das Licht keine Begrenzung kennt.

Im Sein ankommen und bleiben

In meiner Arbeit als Coach und Seminarleiterin beobachte und erfahre ich, dass es in vielen Bereichen gravierende Störungen gibt, die das Wohlbefinden von einzelnen Menschen, Organisationen und unserem Planeten negativ beeinflussen. Viele dieser Störungen entstehen, weil uns eine ganzheitliche Sicht auf das Leben fehlt. Dies führt zu einer fragmentierten, partiellen Optik und zu immer komplexeren Problemen. Der Mensch meint, mit entsprechend komplexeren Lösungen dagegen angehen zu können. Doch wenn wir in alten, trennenden Mustern gefangen sind, können wir die Wurzel der

Störungen nicht verstehen. Eine Heilung der Ursache ist nicht möglich.

Ich habe für mich erlebt und gelernt, dass ein Lebenswandel nötig ist. Dabei sind es nicht die lauten und weithin sichtbaren Schritte der Veränderung, sondern die leisen, individuell angepassten. Es braucht ein »lichtes Sein«, damit der Alltag und das Leben sich hell zeigen, mit all ihrem Licht. Dunkle Hülle, dichte Materie und Schwere dürfen gehen und Teil der Vergangenheit werden. Dies bedeutet nicht, dass das Leben keine Herausforderungen mehr bringt. Dass keine Tränen mehr fließen und dass jede Frage ihre Antwort erhält. Doch aus meinem eigenen Erfahren wage ich zu sagen: Wenn wir uns dem Licht zuwenden, ihm Raum in unserem Körper und unserem Seelentempel schenken, dann wird die Herausforderung zum Spiel, die Träne zur Perle, und die Frage erfährt ihre Möglichkeiten der Gestaltung des Lebens. Das Leben zeigt sich mehr und mehr als Spiel. Es wird zum Genuss, licht und hell.

Wesentlich ist die Veränderung der eigenen Sichtweise. Zu sehen, was ist, nicht, was war und was kommt, bedeutet auch, im Hier und Jetzt zu verweilen. Ängste sind stets Wege in die Zukunft.

Körper, Geist und Seele sind es, die unseren Lebenskompass bedienen und uns führen. Wenn wir dies erkennen und bereit sind, es anzunehmen und zu leben, öffnen wir uns der Hingabe ans Leben selbst, erfahren den Fluss des Lebens und werden von ihm getragen. Ganz egal, was an diesem Tag geschieht. Selbst scheinbare Hürden erkennen wir als eine Bewegung im Leben, und der Fluss trägt uns, lässt uns Blickwinkel und Richtung verändern. Wir können neue Welten erforschen, Neues sehen, Neues entdecken, erfahren, ins Leben integrieren. Kein Wollen nährt die Erwartung oder gar die Vorstellung, die uns am Sehen hindert. »Wolle, was komme, komme, was wolle.« Gelebte Wahrhaftigkeit für sich selbst, Eigenehrlichkeit zu sich selbst, bedingungsloses Ent-wickeln dessen, was in uns geborgen ist, Loslassen dessen, was das wahre Ich verhüllt. Es ist wie ein Lohn, den man unverhofft bekommt, der eine Reaktion ist auf die leisen Veränderungen und kleinen Schritte, die man setzt. Spuren im Leben, unvergänglich. Damit erhält das Leben Leichtigkeit.

Dualität

Das Wort Dualität bedeutet »Zweiteilung«. Etwas wurde in zwei Teile getrennt. Mit Dualität beschreibt man gerade im Bereich von New Age jene Erfahrungsqualität, die die Seele als Mensch auf Erden machen möchte. Man vermittelt das Bild, dass die Seele aus einer Ebene der Einheit kommt und mit dem Eintauchen in das irdische Sein in eine Erfahrung der Trennung geht, und weiter – dass das Ziel darin liegt, zurück in die Einheit zu kommen. Aus der Haltung, dass die Dualität eine negative Erfahrung ist, übernehmen viele Menschen dieses Bild und sehnen sich Menschen »zurück« nach Hause. Der Fokus bleibt dabei zu oft darauf, dass ein anderes Zuhause existiert als jenes, das wir im aktuellen Leben haben. Es scheint eines in einer anderen Art und einer anderen Welt zu geben, wo immer man sich das vorstellt: dort, wo die Einheit ist. Heimweh ist das Gefühl, das viele damit verbinden. Sie meinen sogar, »nicht hier sein zu wollen« – hier auf diesem Planeten, auf dieser Erde, in diesem Leben, in diesem Alltag. »Dort« ist es einfacher. Doch aus der Dualität auszusteigen bedeutet weit mehr, als sich dem Heimweh hinzugeben oder sich das Beurteilen und Bewerten zu verbieten.

Ich gebe zu, auch ich habe lange dieses Bild vom Leben als »eine Reise nach Hause« für mich festgehalten. Es war wie eine Karotte, die man dem Esel vor die Nase hält, unerreichbar. Doch mein ganzes Sinnen war darauf gerichtet. Erst in einer Meditation erkannte ich, »Zuhause« kann nur im Augenblick sein, im Hier und Jetzt des alltäglichen Lebens – und das gilt auch für die Einheit.

Unser höheres Selbst, unser Seelenanteil, kennt Augenblicke des Erwachens. Wir Menschen können diese nicht herbeiführen oder den Zeitpunkt dazu bestimmen. Doch es gibt Erfahrungsmomente, in denen wir diese Einheit spüren. Die Dualität scheint sich aufzulösen. Alles ist. Wir erfahren die Grenzenlosigkeit, frei von Begrenzung. Freiheit. So wie das Licht, das keine Begrenzung kennt. Mit diesen Erfahrungen hat sich mein Verständnis von Dualität und Einheit verändert. Beides darf sein, gleichwertig. Es ist kein wechselwirkendes Prinzip, bei dem das eine das andere zu beherrschen versucht, um überlegen zu sein, sondern vielmehr ein Miteinander, koexistent. Es gibt die Helligkeit, weil die Dunkelheit existiert. Eines ermöglicht dem anderen zu sein. Im gleichwertigen Miteinander erfahren sie die Einheit. Zwei Zustände, die von vornherein entgegengesetzt sind, verbinden sich plötzlich, schließen Frieden. Dies für den Alltag als Lebensprinzip zu adaptieren schenkt Gelassenheit und Genuss und Freude. Ja.

Freude statt Glück

Ich kann mich gut erinnern an die Zeit, als ich die Freude in meinem Leben so sehr vermisste. Ich hatte keine Ahnung, wann und wie sie mir abhandengekommen war. Aus der heutigen Sicht erkenne ich, dass es einen einzigen Grund dafür gab: Ich hatte die Verbindung zu mir verloren. Ich war irgendwo, nur nicht bei mir selbst. Die Ursachen dafür waren vielfältig und lagen in erster Linie darin, dass ich mich anpasste und meinem Umfeld erlaubte, über mich zu bestimmen. Zudem war ich mit Suchen und Ausprobieren beschäftigt und im Außen meines Daseins orientiert. Ich wollte im Außen finden und im Außen die Antwort erhalten. Doch zu diesem Zeitpunkt wusste ich es nicht besser – so wie es mir heute möglich ist. Jetzt kenne ich die Freude als meinen täglichen Begleiter. Ja, ich habe mich für Freude entschieden, ganz bewusst. Für die Freude, und ich nenne es nicht Glück, sondern differenziere ganz bewusst. Glück kennt die Opposition des Unglücks. Aber Freude ist – Freude. Wenn Freude fehlt, fehlt sie. Wenn Glück fehlt, erlebe ich stattdessen vielleicht das Unglück. Doch wenn mir die Freude fehlt, ist ihr Platz frei.

Freude erlebe ich als Bewusstseinszustand. Die Freude als Begleiter gesellt sich in dem Moment zu uns, in dem wir unserem Leben die Heilung schenken und uns für das Licht entscheiden. Wenn wir uns dafür öffnen, dass das Leben hell sein darf, kommt auch die Freude, es kann gar nicht anders sein. Ich erlebe dabei die Freude nicht als etwas, das gebunden ist an ein Ereignis oder an materielle Dinge (zum Beispiel, wenn man zu einem Anlass ein Geschenk erhält), sondern vielmehr als eine erhöhte Schwingungsfrequenz im Körper, als verändertes Bewusstsein, mehr Licht im eigenen Wesen. So wage ich zu sagen: Gelebte Spiritualität ist Freude. Denn Freude erlebe ich als etwas Göttliches. Über die Freude bin ich mit der Schöpfung verbunden und umgekehrt: Verbinde ich mich über die Qualität der Dankbarkeit mit der Schöpfung, so fühle ich Freude. Der Kreis schließt sich erneut, immer und immer wieder. Und der Kreis als energetisches Muster zeigt sich in Heilung. Geschieht Heilung, spürst du Freude. Bist du dankbar, geschieht Heilung. Mit der Heilung kommt das Licht in dein Leben. Deine Schwingung erhöht sich, du erlebst dich als lichtes Wesen. So einfach ist es. So einfach ist das Leben. Ja.

Die Tiefe

In unserem menschlichen Dasein sind wir zunächst nur auf unser irdisches Leben und die Materie ausgerichtet. Wir identifizieren uns mit der Materie und erleben den beständigen Fluss: Augenblicke folgen aufeinander und bringen ständig neue Eindrücke und Ereignisse mit sich. Das Leben lenkt die Aufmerksamkeit damit auf das Außen und die Geschehnisse dort. In gewisser Weise geben wir damit auch die Macht an das Außen ab, darüber, wie wir uns fühlen, wie wir alles erleben.

Mit der spirituellen Hinwendung an uns selbst wenden wir uns immer nach innen, denn im Innen begegnen wir dem eigenen Licht, der eigenen Kraft. Meditation schafft die Verbindung nach innen. Der Mensch hat das Bedürfnis, seiner eigenen Tiefe zu begegnen. Dort findet er seine Wurzeln und auch den Sinn des Lebens, immer mehr, je tiefer und näher er bei und in sich forscht. Ganz praktisch bedeutet dies stets, den offenen, wachen Blick zu bewahren, den Fokus zu setzen, Emotionen zu fuhlen, Ursachen auf den Grund zu gehen, das Herz zu öffnen für das Leben und alles, was es bringen mag. Es bedeutet auch, Vorstellungen und Erwartungshaltungen loszulassen, zugunsten dessen, was die Seele mitteilt – ein Wissen, das viel mehr birgt, als unser Menschenhirn erfassen oder sich vorstellen kann. Die Tiefe birgt und offenbart ein weites Feld und vertraut uns ihr größtes Mysterium an, unser Selbst. Das wahre Selbst, durch das die Seele sich ausdrücken mag. Nicht jenes, das unser Umfeld erwartet oder wir selbst uns vorstellen, zurechtgeformt aus allerhand Äußerlichkeiten und Fremdbildern. Tief in uns erwartet uns unser wahrliches Selbst. Ganz individuell in seinem Sein, einzigartig in seinem Ausdruck. Einmaliges Geschöpf des Lebens. Jenes, das keiner Kopie gleicht, jenes, durch das die Seele sich ausdrückt. Seelen-Selbst, das gelebt werden will.

Freiheit

Mit dem Begriff Freiheit bin ich stets sehr sorgsam. Zu schnell wird etwas hineininterpretiert, das gar nicht da ist. Oft wird der Begriff gebraucht, um verantwortlich zu machen für all das, was im Leben als Hindernis erscheint. Und nicht zuletzt wird er auch gerne als Ausrede verwendet: »Wenn ich könnte, wie ich wollte, dann würde ich, aaaaber ...« In diesem Sinn wird das Wort Freiheit im Kontext äußerer Gegebenheiten verwendet. Situationen, Personen, Umstände sind dafür verantwortlich, dass man sich »unfrei« fühlt und nicht so kann, wie man möchte. Wenn dieses und jenes nicht wäre, wenn dieses und jenes wäre – dann könnte man das Leben ja verändern. Die Gefahr, die darin lauert, ist, dass man Verantwortung an diese äußeren Umstände (ab)gibt. Alles andere, alle anderen sind dafür verantwortlich. Aber nicht man selbst. Und schon lauert die nächste Hürde, die unsere inneren Saboteure aktivieren: Die eigene Opferrolle wird damit genährt. Man selbst will ja, kann/darf aber nicht – weil man unfrei ist.

Balance

Aus den östlichen Lehren kennen wir das Bild von Yin und Yang, dem Kreis, der seine ausgewogenen Hälften in einer Welle zeigt. Genau so ist das Leben. Es besteht aus Gegensätzlichkeiten. Sie dürfen sein und geben einander Halt. Das Dunkel dem Hellen, das Oben dem Unten. Wenn wir verstehen, dass beides dazugehört, damit das Eine sein kann, und die Balance halten, dann wird weder die eine noch die andere Seite uns belasten, denn die ausgewogenen Aspekte tragen einander.

Doch das Leben bringt es immer wieder mit sich, dass die Balance fehlt. Dies sind die Lernschritte, die Hinweise, die aufzeigen, dass es etwas zu tun gibt. Unser Feld des Lebens möchte von uns genährt werden, mit Reaktion, Antwort und Hingabe, um die Balance wiederherzustellen. Sind wir voller Sorgen, so braucht es das Vertrauen, das in uns entstehen darf. Finden wir uns im Zögern, dann ist es Mut, der entwickelt werden will, und so fort. So dürfen Sorgen sein und werden vom Vertrauen getragen. So darf das Zögern verweilen und wird vom Mut beizeiten bestärkt. Und so fort.

Balance will sich auch einstellen im Innen und Außen. Sich dem spirituellen Leben zuzuwenden bedeutet nicht, auf das Leben selbst zu verzichten. Lebendigkeit, Lachen, Tanzen, Feiern sind Qualitäten, die das Leben ehren. Menschen einzuladen, mitzuwirken, Teil von etwas zu sein bedeutet auch, sich dem Leben zuzuwenden. Es macht einen Unterschied, wie wir es tun, denn auch hier können wir Bewusstheit offerieren und Balance herstellen zwischen dem Innen- und Außenwirken, zwischen Bewusstheit und unbewusstem Tun. Balance erscheint uns als Schlüssel für das Glück des Lebens. Sie führt uns in die Zentriertheit und damit in die innere Mitte, um die sich das Leben dreht. So werden wir wie die Sonne im Planetensystem zum eigenen Licht in unserem Lebenswirken und damit zum Licht in der Ausrichtung des Ichs. Das Leben wird hell.

Bring die Wahrheit ans Licht

Du möchtest dein Leben mit Licht erhellen – dann betrachte es zuerst einmal bei Licht. Und zwar in Ruhe. Mit diesen Übungen wollen wir immer wieder innehalten und uns besinnen auf das, was ist, und auf das, was sich ändern soll. Auch dich führt dein Leben nicht zufällig zu diesem Buch. Unsere gemeinsame Gedankenreise soll auch in dein Leben Veränderung bringen. Besinne dich jetzt für einen Moment, und schenke dir die Zeit, um für dich zu resümieren, wie zeigt sich dein Leben?

* Hier und jetzt. Spontan auf diesen Seinszustand geantwortet, ist es dir möglich, einen Großteil deiner inneren Ausrichtung auf das »Hier und Jetzt« zu legen?
* Der Fluss des Lebens. Fühlst du dich von ihm getragen?
* Wie sehr ist dir dein Leben Heimat, fühlst du dich angenommen, fühlst du dich angekommen?
* Lebensfreude. Kennst du sie? Lebst du sie? Ist sie dein Begleiter?
* Wagst du dich in die Tiefe deines Selbst? Gibt es da Bereiche, die du noch vor dir verschlossen hältst?
* Gibt es etwas, das dir in deinem Leben das Gefühl vermittelt, unfrei zu sein?
* Welche deiner Lebensbereiche brauchen mehr Balance?

Spiel und Tanz des Lebens

Je mehr wir dem Leben erlauben, hell zu werden, umso mehr Raum erhält das Licht von unserem Leben. Die Dunkelheit weicht und mit ihr die Schwere, das Belastende. Wir erleben das Leben nicht nur hell, sondern auch leicht, und mit dieser Leichtigkeit fühlen wir den Tanz und das Spiel des Lebens, zu dem unsere Seele einlädt. Es ist kaum zu glauben, dass das Leben als Zweck eben nicht den »Ernst des Lebens« in sich birgt, wie die meisten von uns von Kindheit an gehört haben. »Jetzt beginnt der Ernst des Lebens«, pflegte meine Mutter stets zu sagen, wenn Kinder aus der spielerischen Zeit entlassen wurden hinein in die Pflicht der Schule, der Ausbildung, des Berufs. Leben ist Pflicht, haben wir übernommen, angenommen, und später wagen wir es kaum zu glauben, dass es eben nicht so sein muss. Wir können uns nicht vorstellen, dass das Leben leicht sein kann und darf und dass seine Bestimmung die Freude, die Liebe, der Erfolg, die Gesundheit, der Tanz und das Lachen als ein Geburtsrecht für all unsere Tage sind.

Alleine diese Wahrheit anzunehmen und damit den »Ernst des Lebens« loszulassen mag für viele schon eine Herausforderung sein. Doch damit wagen wir uns auf das Parkett des Lebens, das uns zum Tanz auffordert. Spielerisch tanzen, indem wir uns einfach von der Melodie des Lebens verzaubern lassen und uns mit ihr bewegen. Wer mit dem Leben tanzt, öffnet sich für die Möglichkeiten und erkennt, dass das Leben weder eine Prüfung noch eine Last sein will. Es ist Spiel und

Tanz, begleitet im Konzert von Leichtigkeit und Freude, Liebe, Singen und Lachen. Für alle, nicht nur für wenige Auserwählte.

Und es braucht nicht viel mehr von uns als ein bewusstes JA und die Bereitschaft, sich dieser anderen Sicht zu öffnen und die andere Lebensweise wahrlich zu leben, Veränderungen zu integrieren und eine neue (Lebens-)Ordnung entstehen zu lassen.

Wer bin ich?

Diese Frage erleben wir als wesentlichen Kern aller Fragen. Wer bin ich? Diese Frage ist Kompass und Wegweiser zugleich. Sie gibt uns Antrieb. Mit der Frage beginnt die Suche, und zugleich hört die Suche auf, zumindest jene nach der Antwort. Denn je mehr wir uns von dieser Frage führen lassen, umso mehr ahnen wir, dass es keine Antwort geben kann, dass es nur um das stetige Erfahren von uns selbst geht. Im Erfahren liegt das Kennenlernen. So braucht es Erfahrung um Erfahrung um Erfahrung – eingebettet in das Feld des bewussten Seins. In einer bewussten Erfahrung nehmen wir wahr – im wahrsten Sinne. Je mehr wir bewusst von uns erleben, umso mehr lernen wir uns kennen, und darin liegen die Antworten auf die Frage danach, wer wir sind.

Es braucht ein mutiges Voranschreiten und ein Verlassen unserer Komfortzonen. Und je nachdem, was für uns gerade ansteht, erfahren wir Heilung, Ausbildung, Ganzwerdung, Stärkung, Versöhnung, Verwandlung; wir lernen, unsere Kräfte zu erkennen, zu bündeln und freizusetzen. Und damit zeigt sich uns immer mehr von uns selbst. Wir reihen Ahnung an Ahnung davon, wer wir wirklich sind, aneinander. Wir erinnern uns und erkennen das wahre Selbst, mehr und mehr.

Psychologen und Verhaltensforscher gehen davon aus, dass wir Menschen maximal 10 % unseres Seins bewusst gestalten. 90 % unseres Denkens, Fühlens und Handelns bestehen aus unbewussten Impulsen. So folgt der logische Schritt, dass wir dann auch mehr bewusst von uns leben, entsprechend unserem Sein, entsprechend unseren Bedürfnissen und Sehnsüchten. Wir antworten auf die Frage »Wer bin ich?«, indem wir uns der Wahrhaftigkeit und der Authentizität hingeben.

Wenn ich zurückblicke, dann fühlt es sich für mich an, als ob das Mehr und Mehr von mir jene Fülle und jener Reichtum sind, von denen so oft gesprochen wird. Es ist wahrlich ein Genuss, mehr von mir zu leben, mehr von mir auszuprobieren. Je bewusster mir ist, wie viel ich bin und wie viel Potenzial in mir ist, umso mehr Lust bekomme ich auf mich selbst. Das ist das, was ich heute als Lebenslust und Lebensfreude bezeichne. Und mit der Ausrichtung für mehr Bewusstsein im Leben, mit spirituellen Praktiken und einem offenen Weltbild für Körper, Geist und Seele wächst auch die Neugierde nach mir. Jede Herausforderung und jede Erfahrung begrüße ich mit offenen Armen, weil mir das Leben einfach Spaß macht, weil es wunderbar ist, dass das Leben heller und heller wird.

Zeitqualität

Zeitqualität? Was soll das sein? Dass sich das, was wir Zeit nennen, quantitativ messen lässt, ist zumindest jedem, der eine Uhr trägt, bekannt. Dass es aber neben der Messung der Quantität der Zeit auch eine Qualität der Zeit gibt, ist heutzutage nur noch wenigen bewusst. Am ehesten lässt sich der Ansatz hinter der Zeitqualität wohl noch in Zusammenhang mit den Jahreszeiten vermitteln, die unterschiedliche Qualitäten und Ausprägungen erkennbar werden lassen. So eignet sich die Qualität des Winters eben nicht für ein Aussähen von Pflanzensamen, der Sommer ist die Zeit des Wachsens, und der Herbst ist für die Ernte. Doch darüber hinaus bietet das Jahr besondere Tage an, an denen uns andere Energien zur Verfügung stehen als gewöhnlich.

Zunächst ist da ein ganz persönlicher Zeitraum, und zwar rund um den Geburtstag. Für fast zwei Wochen sind die Schleier in die Anderswelt gelüftet. Es ist, als ob sich die Seele an den Tag der Inkarnation erinnerte, an den Beginn des Lebens, das Tor der Geburt. Wenn wir diese Tage zelebrieren mit Meditation – auch an die verschiedenen Aspekte wie inneres Kind, Krafttier, an die Weisheit des Alters und andere –, dann erhalten wir leichter Zugang zu den Antworten auf die Fragen, die wir alle in uns tragen.

Ähnliches gilt für die besonderen Tage im Jahr, die wir als Kollektiv erleben. Allen voran jene Tage zwischen der Wintersonnwende und den ersten Tagen im neuen Jahr, die wir als die Rauhnächte kennen. Diese Tage bieten eine ganz besondere Energiequalität an, um für das folgende Jahr Keime zu setzen, damit Wünsche und Visionen wahr werden. Die innerliche Ausrichtung für das Handeln in den darauffolgenden Monaten geschieht.

Diesen Tagen nachfolgend in ihrer Bedeutung sind die Mondtage: Neumond und Vollmond. Gerade weil in vielen Kulturen diese zwei Mondtage zelebriert werden, wirken die verbindenden und öffnenden Energien über ein morphisches Feld. Da wir gemeinsam die Schleier lüften, geht es sozusagen leichter. Das gilt auch für Feier- und Festtage der verschiedenen Religionen. Da viele Menschen diese Tage mit besonderen Ritualen begehen, verändert sich die Energiefrequenz für die Menschen und lädt ein, darin einzutauchen. Wenn wir uns erlauben, uns darauf einzustimmen, können auch wir diese tragenden Energiefelder jener Tage nützen. Das mag zum Beispiel bedeuten, dass, selbst wenn wir keine praktizierenden Hindus sind, die Energie ihrer Feste und die Ehrung ihrer Gottheiten auch für uns ganz besondere Qualitäten anbieten und nützlich und heilsam für unser Leben sind.

Wenn wir um die Zeitqualitäten wissen, dann ist es ein Leichtes, »mit den Energien zu sein«. Wir können unser Tun danach ausrichten, spirituelle Praktiken entsprechend gestalten. Mit den Energien zu sein bedeutet auch, sich von ihnen tragen zu lassen, und umgekehrt, wenn wir (unwissentlich) gegen den natürlichen Fluss der Energien sind, dann kostet es uns mehr Energieaufwand, um dasselbe Ergebnis oder Ziel zu erreichen. Das ist ein einfacher Grund dafür, dass manche Tage so anstrengend sind.

Das Wissen um Zeit- und Energiequalitäten hat mich sehr bereichert. Das Bewusstsein darum erleichtert mir den Zugang zu anderen Dimensionen, es wird einfacher, Botschaften und Antworten für mein Leben zu finden und sie letztlich auch im Tun umzusetzen. Ich empfinde tatsächlich in all meinem Tun, »mit den Energien zu sein« – als würde ich die Segel zum Wind hinsetzen. Und der Wind liefert die Energie. So schenkt mir das Universum die Energie, die ich brauche – und ich selbst fühle mich leicht und nehme mein Leben als hell wahr.

Wissen und Wollen

Wissen und Wollen, das sind zwei Aspekte, die uns sehr beschäftigen, ohne dass uns dies zumeist bewusst ist. Denn dahinter steht unser kontrollierender Geist, die Macht unseres

Bewusstseins. Es ist die Kraft, die aus unseren Erfahrungen und Erlebnissen schöpft, aus dem bewussten Feld. Einerseits wollen wir vermeiden, dass wir ähnlich schmerzhafte Ereignisse erleben, und andererseits kreieren wir Bilder, Wünsche und Ideen. Damit entwerfen wir Vorstellungen und Erwartungshaltungen. Beides entspringt unserem Verstand. Auch wenn er die Fähigkeit der Fantasie beherrscht, das Feld der Möglichkeiten kennt er nicht, kann er gar nicht umfassen. Denn es bietet sich stets in einer größeren Dimension an, weiter als unsere Vorstellung reicht. Mögen wir den Blick gegen den Himmel lenken als das, was wir uns vorstellen, so ist es in Wirklichkeit das Universum, das uns als Möglichkeit erwartet und zur Verfügung steht. In seiner Art und Weise kann der kontrollierende Verstand stets nur innerhalb Begrenzungen wirken.

Das Bedürfnis zu kontrollieren hält uns auch stets außerhalb des Raums aller Möglichkeiten, eine Hingabe an den Fluss des Lebens scheint kaum denkbar, da wir stets beschäftigt sind zu beachten, wahrzunehmen, zu analysieren und zu vergleichen. Und weil uns der Verstand innerhalb der Begrenzungen hält, hält er uns auch klein. Das erleben wir als Mangel. Zufriedenheit scheint nicht realisierbar, denn das Wollen strebt zumeist nach etwas anderem, nach einem äußeren Bild.

Dabei wartet im Inneren als Ziel des Weges das wahre Ich als Schatz der Seele, der nur über das fühlende Werden zu erreichen ist. Wenn wir das Licht einladen und dem Leben vertrauen, wenn wir die Kontrolle aufgeben und der Einladung des Lebens und seinem Fluss folgen, lassen wir los von Vorstellungen und Erwartungshaltungen, die uns im Wege stehen. Denn eine Vor-Stellung steht da-VOR, wie es das Wort vermittelt. Die Er-wartungs-haltung hält uns im Modus des

Wartens fest. Beide machen uns unfrei und hindern uns am Vorankommen auf unserem Weg hin zum hellen Licht, das wir im fühlenden Werden einladen.

Aus der Arbeit in meinen Seminaren und Coachings weiß ich, wie schwer es vielen Menschen fällt, sich hinzugeben in den Fluss des Lebens. Er scheint ständig zum Dagegenschwimmen einzuladen. Ich kenne das auch. Mit Akribie waren mein Verstand und ich stets beschäftigt, das Leben unter Kontrolle zu halten. Organisieren, Strukturieren und Planen waren mir stets ein Grundbedürfnis. Damit hab ich mir das Leben wahr lich schwergemacht. Leichtigkeit hat in diesem Gefüge kaum Platz. Mit dem sich Hinwenden zur alltäglichen Spiritualität hat sich mein Weltbild völlig verändert. Mein spiritueller Weg hat mich zu mir geführt, hat mich gelehrt, mich selbst und mein Leben zu lieben. Das macht mich selbstständig und unabhängig. Geliebt zu werden ist mir heute kein Bedürfnis mehr, vielmehr ein göttliches Geschenk, das ich mit allem, was ich bin, schätze. Doch es allen recht machen zu wollen, gefallen zu wollen – um geliebt zu werden, dieses Muster konnte ich mehr und mehr loslassen, seit ich selbst mit einer neuen Ausrichtung mein Leben hell gemacht habe.

Frei von Kontrolle kann ich nun vertrauen auf das, was kommen will. Ich will nicht mehr wissen und planen, und das hat mich verändert. Ich begegne dem Leben mit Offenheit. Das macht das Leben oft so überraschend, denn es bringt in positiver Form viel mehr, als ich mir zuvor hätte ausdenken können.

Mittlerweilen bin ich begeistert vom Feld der Möglichkeiten, das Leben bietet mir ständig an, mit zu kreieren, zu gestalten und zu schöpfen. Darin erlebe ich nun das, was sich für mich als »Fluss des Lebens« und »sich tragen lassen« anfühlt – irgendwohin. Der Fluss weiß, wohin er mich trägt, auch wenn ich nur bis zur nächsten Flussbiegung sehen kann. Hingabe habe ich als befreiende Lebensqualität entdeckt. Darin liegt für mich die eigene Freiheit. Ängste und Sorgen sind in diesem Lebenskonzept nicht vorgesehen, und ganz ehrlich – ich kann mich kaum an sie erinnern. Vertrauen und Hingabe sind die Qualitäten, die mich im Alltag begleiten. »Wolle, was komme, komme was wolle.«

Ein lichter Körper durch l(e)ichte Lebensweise

Der Körper ist der Tempel unserer Seele, ihr Zuhause für die Lebenserfahrungen als Mensch. Eine meiner Reiseleidenschaften gehört dem Besichtigen von Kirchen, dabei habe ich viel über dieses Zuhause für meine Seele gelernt. Manche der Kirchen sind dunkel und düster. So mancher Körper der Menschen ist das auch. Sie sind dicht in ihrer Erscheinung. Licht kann kaum durchdringen. Materie zeigt sich in unterschiedlichen Dichtegraden ihrer Energie. Und je nachdem, wie die körperliche Kirche, der Tempel gestaltet ist, kann die Seele kommunizieren. Denn die Seele ist ein mehrdimensionales Wesen. Über die Seele sind wir mit den anderen Ebenen in Verbindung. Damit aber die Seele sich gut zum Körper hin ausdrücken und in Dialog sein kann, braucht es den lichten und leichten Körper. Damit meine ich jetzt nicht unbedingt leicht an Gewicht.

Ausschlaggebend dafür ist, wie wir unser Leben gestalten. Wie wir mit unserem Körper umgehen, bestimmt unsere Möglichkeiten und Erfahrungsräume für ein bewusstes Leben.

Ich beobachte immer wieder, dass Menschen sich ein spirituelleres Leben wünschen und gleichzeitig ihrem Körper wenig liebevolle Zuwendung oder Achtsamkeit schenken.

Ihnen ist zumeist gar nicht bewusst, wie sehr sie dem Körper schaden, die Materie mit ihrem alltäglichen Leben verdichten und es dem Licht schwermachen, das Helle zu erschaffen.

Gerade wenn wir unsere spirituelle Entwicklung aktivieren und verfeinern wollen, kommen wir nicht umhin, der körperlichen Materie mehr Leichtigkeit zu geben, Licht in die Dichte zu bringen. Es geht mir hier nicht um eine Gesundheitsstandpauke. Aber ich kenne aus der Arbeit mit den Menschen die Tricks unserer inneren Saboteure. Wie ich in diesem Buch bereits dargelegt habe, ist es Teil unseres Egos, Veränderung zu verhindern. Dies gelingt ihm über die Dichte der Körpermaterie. Spirituelle Entwicklung braucht das Licht, und so braucht der Körper dazu die liebevolle Erlaubnis für Veränderung und mehr Licht. Licht verändert unsere Schwingungsfrequenz und erschafft die Möglichkeit, mit unserer feinstofflichen Ebene aktiv zu arbeiten, sie bewusst in unser Leben zu integrieren. Bewegung schenkt ebenso Energie. Körperliche Bewegung regt auch die feinstoffliche Bewegung an. Mit innerer Bewegung verändern wir unsere Sichtweise, erlauben einen anderen Standpunkt und damit auch andere Blickwinkel. Äußere Bewegung hält uns innerlich beweglich und unterstützt lebendiges Anpassen und damit den Transformations- und Wachstumsprozess.

Gesundheit und spirituelles Leben sind im Grunde eins. Wenn wir einerseits spirituelle und heilsame Erfahrungen machen, wird die Pflege des Tempels unserer Seele selbstverständlich.

Letztlich geht es dabei immer um Energie, denn sie erfüllt unseren Körper und unseren Geist. Mit allem, was wir zu uns nehmen, können wir das Licht und das Leuchten in unser Leben bringen – oder es fernhalten. Kaffee, Zigaretten, Alkohol schließen die Türen, sie verdichten, vernebeln, verdunkeln. Ähnliches gilt für Industrienahrung, Fleischkonsum, TV-Sendungen, Nachrichten, Tratschgespräche. Ihr gemeinsamer Nenner für uns lautet: Sie verschließen und verdunkeln. Doch wir brauchen das Licht und das helle Leben.

Über unsere Ernährung können wir mehr Licht und Leichtigkeit in unser Leben bringen, und diese Lichtkraft lässt sich sogar messen. Ich selbst habe mich über Jahrzehnte sehr gesund ernährt, vorzugsweise mit vegetarischer Vollwertkost. Vor wenigen Jahren habe ich mich in einer Art Experiment mit meinem Arzt der veganen Lebensweise zugewandt. Niemals hätte ich mir gedacht, dass diese Ernährungsumstellung dermaßen großen Einfluss auf mein körperliches Wohlbefinden haben könnte und dass darüber hinaus meine feinstoffliche Wahrnehmung sich damit nochmal so verändern würde.

Vegane Ernährung

»Willst du jetzt immer veganisch essen?« Mit entgeistertem Blick schaut mein Jüngster auf meinen Teller. Zugegeben, gerade verlockend sieht mein Abendessen nicht aus, im Gegensatz zu dem, das ich auf den Tellern meiner Familie angerichtet habe. »Das kann doch gar nicht gesund sein. Sooo ein Essen«, verkündet mein Mann, der einen Verbündeten für die Diskussion am Tisch wähnt. »Oh ja!« Ich richte mich äußerlich wie innerlich auf, bereit für eine Grundsatzerläuterung zugunsten der veganen Ernährungsweise. »Komm, Mama, irgendwann wirst du noch heilig«, fällt mir auch noch Sohn Nummer zwei in den Rücken. Er erfasst, dass die Gemütlichkeit des gemeinsamen Essens im Begriff ist, sich aufzulösen, und möchte den begin-

nenden Streit mit einem Scherz abfangen. Ich sacke innerlich wieder zusammen und lasse die Argumente für die Gesundheit, gegen Krebs und Zivilisationskrankheit ungesagt. Die Luft ist draußen. Meine Laune schlecht. Wortlos stochere ich mit meiner Gabel im Essen herum und versuche, mir nicht anmerken zu lassen, dass es mir nicht schmeckt. Ich kriege den Tofu kaum hinunter, mein Körper will ihn nicht schlucken. Da hab ich nicht nur meine Familie gegen mich, selbst mein Körper scheint sich mir zu verwehren, dabei meine ich es ja nur gut mit ihm. Vor wenigen Tagen hat mir mein Arzt erklärt, dass eigentlich eine Operation notwendig wäre, ich das Problem aber mit einer veganen Kost lösen könnte. Und ich fasste einen Entschluss: keine tierischen Produkte mehr.

Jetzt sitze ich da. Ich hab doppelt gekocht. Für meinen Mann und die Kinder die gewohnten Gerichte, für mich alles frei von tierischem Eiweiß. Ich hab weggelassen, dazugegeben, ersetzt, und ... nun schmeckt es mir nicht. Ich bin bekannt dafür, exzellent zu kochen, und erlebe mich nun als Köchin, die etwas Ekelhaftes fabriziert hat. »Von dem kannst du ja nicht satt werden«, bohrt mein Mann in meinen Wunden. »Außerdem, wenn du dann auch noch abnimmst ...« – »Was, wenn?« Ich bin bereit für einen Angriff. Mein Frust über das Essen hat endlich ein Ventil gefunden. »Was, wenn – gefall ich dir dann nicht mehr, findest mich nicht mehr sexy oder suchst dir gleich eine andere Frau, die mit dir ins Steakhaus geht?« Die Stimmung sinkt weiter. Die Kinder verdoppeln die Essgeschwindigkeit, um dem Theater bald entfliehen zu können. »Nein, ich mein, du sollst doch nicht abnehmen«, versucht mein Mann die Situation zu retten. Das lass ich grad nicht zu. »Glaubst du, für mich ist das lustig? Immerhin geht's um meine Gesundheit, immerhin geht's um die Operation. Sag, liegt dir denn gar nichts an mir, ich dachte, du liebst mich ...« Mein Frust ist nur teilweise abge-

lassen, ich hab noch Munition in meinem Mundwerk. Doch da unterbricht mich meine Tochter: »Ich bin fertig, darf ich aufstehen?«, nimmt den Teller, trägt ihn in die Küche und alle folgen ihr erleichtert. Ich auch. Und der restliche Tofu wird entsorgt, wenn keiner hinschaut ...

Zweieinhalb Jahre später:

»Was möchtet ihr denn essen, was soll ich fürs Wochenende einkaufen?«, frage ich meine Familie beim samstäglichen Frühstück. »Etwas Leichtes, kein Fleisch«, antwortet mein Mann. »Mir egal, Hauptsache vegetarisch« kommt von der Tochter, die von der leidenschaftlichen Fleischesserin mittlerweile zur leidenschaftlichen Fleischverweigerin geworden ist. »Mir schmeckt alles, ich brauch kein Fleisch«, antwortet der Sohn, und last but not least meldet sich die Nummer drei ganz vorsichtig: »Also, ich hätte eigentlich schon gerne Fleisch«, und schwächt gleich wieder ab, »aber es muss nicht unbedingt sein.«

Wie sich die Situation doch geändert hat. Mit dem Entschluss beim Arzt, meine Ernährung umzustellen, war mir zu Anfang nicht bewusst, auf was ich mich da einlasse. Ich hatte weder Kompetenz noch Fähigkeit in diesem Bereich des genussvollen und lustvollen Kochens. Ich meinte zwar, dass die Herausforderung nicht besonders schwierig sein könnte, denn immerhin ernährte ich mich schon seit mehr als zwanzig Jahren sehr bewusst und gesund. Doch bei näherem Hinsehen erkannte ich dann die Challenge: kein Fleisch, kein Fisch, keine Milch, kein Käse, keine Sahne, kein Joghurt, kein Sauerrahm. Das Ausmaß der Umstellung wurde mir erst Schritt für Schritt bewusst. Wie kochen? Wie die Lieblingsgerichte der Familie auf den Tisch stellen?

Nach den ersten Frusterlebnissen begann ich Informationen

zu sammeln: Vegane Kochbücher und Kochblogs waren fortan meine Lektüre. Mein Horizont weitete sich, und ich lernte alles über Sojaprodukte, Hafermilch, Ei-Ersatz, Tofu und mehr. Fahrten in die nächsten Städte wurden so geroutet, dass sie an einem gut sortierten Bioladen vorbeiführten, denn in den Tiroler Bergen gab es kaum vegane Produkte. Mein Leben veränderte sich, zunächst vor allem in Sachen Zeitaufwand und Frustpotenzial.

Klar war von Anfang an, dass niemand zwangsbeglückt werden sollte – weder Familie noch Freunde. Meine Entscheidung galt für mich. So saß ich dann da und sah meiner Familie zu, wie sie die geliebten Käsespätzle aßen, während auf meinem Teller nackte Spätzle mit Kräutern oder Gemüse lagen. Einen morgendlichen Ersatz für mein geliebtes Schinkenbrot schien es nicht zu geben. Lustleeres Frühstück war nicht wirklich ein guter Start in den Tag. Die Einladungen für Freunde – ich kochte gerne 6- bis 8-gängige Menüs – wurden ersatzlos gestrichen. Die Restaurantbesuche gestalteten sich eintönig: Nudeln mit Soße und Salat, währenddessen meine Tischnachbarn die Delikatessen der Speisekarte genossen.

Alles in allem kam ich nach kurzer Zeit zum Resümee, dass ich mir Großes vorgenommen hatte und die Reise nicht einfach werden würde. Doch die Aussicht, eine Operation zu vermeiden, war ein starker Motor. Und ich blieb beim Weg der kleinen Schritte, eins nach dem anderen wurde angegangen, eins nach dem andern gelernt und verändert. Zudem offenbarte mir das Thema »Essen und Kochen«, dass es dabei für mich und mein Umfeld um viel mehr als nur Ernährung und Vermeidung von Hunger geht. Für uns ist genussvolles Essen Teil unseres Lebens. Restaurantbesuche mit Freunden gehören zum Ritual des Miteinanderseins. Essenseinladungen sind auch Streicheleinheiten für meine Seele, wenn ich bewundert werde und Anerkennung erhalte für das, was ich in der Küche zaubere. Meine Familie kulinarisch zu verwöhnen war für mich der Ausdruck meiner Liebe für sie. Letztlich war auch das Bild nicht zu verachten, das ich seit meiner Kindheit in mir trug: Eine Familie am Tisch zum Essen versammelt bedeutet für mich Familienglück. Vermutlich deshalb, weil ich es selbst so nicht erleben konnte.

Da schien mein Unterbewusstsein Gefahr zu sehen. Diese Tatsache und andere lockten es, Blockaden und Sabotage-muster aufzufahren, um das Projekt Ernährungsumstellung zu blockieren. Es blieb mir also gar nichts anderes übrig, als das Thema Essen von allen Seiten und in allen Facetten zu be-trachten. In der Materie des Alltags und im Unbegreiflichen des Geistes, der Gedanken, Muster und Handlungen. So stellte ich all das nun selbst in einen neuen Kontext. Essen bekam einen neuen Ausdruck und eine neue Definition.

Um die Geschichte hier nicht allzu lange auszubreiten, das Ergebnis der Sache: Natürlich habe ich bis heute durchgehalten, natürlich habe ich keine OP gebraucht, die Werte sind besser ge-worden, und ich habe mich den Themen des Essens gestellt, sie entlarvt, an so manchen »gearbeitet«, und bis heute genieße ich meinen neuen Ernährungsstil. Und wie man aus dem Dialog mit der Familie rauslesen kann, schließt sie sich mir an. Und das, ob-wohl ich nie wieder auch nur einen Satz darüber an sie gerichtet habe, dass die vegane Ernährung gesünder und ethischer ist und dass ich mir wünschen würde, sie folgten meinem Beispiel.

Wenn man sich für eine vegane Ernährung entscheidet, füh-ren die kleinen Schritte zum Ziel. So ließ ich zunächst alles Naheliegende weg: Schinken und Wurst fehlten in meinem Frühstücksangebot, dafür gab es Avocado, Tomaten, Gurken, Paprika und Aufstriche. Letztere gibt's bereits in jedem Super-markt, eine größere Auswahl bieten Reformhäuser. Milch und

Sahne lässt sich gut durch Soja- oder Hafermilch bzw. die entsprechenden »Cuisine«-Soßen ersetzen. Das ist auch familientauglich. Wenn man sie statt der Milchprodukte für die üblichen Rezepte verwendet, fällt es kaum auf.

Die nächste wichtige Erkenntnis war, nicht im »Ersatzmodus« zu kochen. Lieblingsgerichte zu kochen, sie in vegane Varianten zu setzen und damit dem Vergleich von oftmals Kindheitsgeschmackserlebnissen auszusetzen, endete für mich zumeist frustrierend, noch viel mehr, wenn die Familie im Genuss schwelgte und ich vis-à-vis in meinem Frusterlebnis vor dem Teller saß. Deshalb habe ich bald darauf verzichtet, solche Gerichte zuzubereiten. Ich setzte mich mit dem Kochen an sich neu auseinander, mit dem Vorteil, meine Lieblingsbeschäftigung »Kochbücher kaufen und lesen« wieder neu aufleben lassen zu können, man fing ja immerhin quasi bei null an. Na ja, nicht ganz. Vieles aus der mediterranen Küche bietet sich an, ebenso die asiatischen Rezepte, wenn man Fisch- und Austernsoße weglässt.

Für die Zeit des Übergangs erlaubte ich mir Eier in den Gerichten und eine vegetarische Ernährungsweise, wenn ich auswärts aß. Außerdem erkannte ich bald, dass die rigide Strenge mir selbst gegenüber meinem Körper nicht diente: So erlaubte ich mir bei »Fleischeslust« den Bissen vom Teller meines Mannes, zumeist war dann die Gaumenlust bedient, und ich hatte kein weiteres Bedürfnis nach Fleisch. Ähnlich handhabe ich es bei Essenseinladungen bei Freunden. Es wäre mir unhöflich erschienen, den Gastgebern zusätzliche Mühe anzutun, ihr liebevoll Gekochtes zu verweigern oder gar mit dem eigenen Jausenpaket zu erscheinen. Da erlaubte ich mir eine gewisse Freiheit.

Die neue Kochweise automatisierte sich, ebenso das Zusammenstellen des wöchentlichen Speiseplans und das Einkaufen. Ersatzprodukte probierte ich schrittweise aus, und ich machte mich frei von »Essen wirft man nicht weg« – denn Käseersatzprodukte schmeckten zum Teil so widerlich, dass ich keine andere Möglichkeit gefunden hätte, um sie aus meinem Haushalt hinauszukomplementieren. Einige wenige Ersatzprodukte fanden allerdings in mir einen Fan, und das ein oder andere Familienmitglied tat es mir nach. So gelang es Schritt für Schritt, neue Varianten zu finden: Ich wurde dem Ei-Ersatz Herr, und Kuchen gelangen, ich konnte mit Rauchsalz und Gewürzen deftige Gemüseeintöpfe fabrizieren, die das Mitkochen von Fleisch oder Speck erübrigten.

Auch meine Kochfreude und Kochfreunde kehrten zurück. Es hatte sich herumgesprochen, dass ich mich vegan ernähre, die Diskussionen darum, ob es vernünftig oder ungesund ist, wurden den Menschen in meinem Umfeld irgendwann langweilig. Das Kontra machte der Akzeptanz Platz. Heute koche ich meine mehrgängigen Menüs in veganer Ausführung wieder als kulinarischen Gaumenschmaus und kann gut damit leben, wenn ich auch Fisch für die Freunde serviere.

Die einzige Herausforderung sind Süßigkeiten. In Österreicher sind süße Hauptspeisen, Mehlspeisen, Kuchen und Torten Teil unserer Kultur. Glücklicherweise bin ich nicht so ganz der süße Freak, aber es brauchte in diesen Bereichen durchaus auch einen Lernprozess. Und für den kleinen süßen Gusto zwischendurch hab ich jetzt immer teuerste Pralinen zur Hand. Sie sind zwar nicht vegan, aber ich schaffe es, mich auf ein oder zwei zu beschränken, statt wie früher eine ganze Tafel Schokolade zu essen.

So viel zum ganz praktischen Weg. Da waren allerdings noch etliche andere Aspekte, die mich auf meinem Weg zu einer leichten und freudvollen Ernährung begleitet haben. Zum einen die Gewohnheiten. Ich begann, mein Essensverhalten zu demaskieren, und erkannte die Rollen, die das Essen für mich übernahm:

Ich definierte Essen als »Glücksbringer«, und der Zufall wollte es, dass ich in einem Artikel las, dass das Gehirn während des genussvollen Essens tatsächlich Serotonin, das Glückshormon, ausschüttet. Mir ging ein Licht auf. Wollte ich den Frust, der mit dem veganen Essen manchmal einherging, entkommen, musste ich für den Genuss beim veganen Essen sorgen. Das lag nicht nur an der Vorbereitung, sondern eben auch am Zelebrieren. Slow Food bekam für mich nochmal eine andere Bedeutung.

Aufgedeckt habe ich auch allerhand Glaubenssätze. Ich machte es mir über eine kurze Zeit zur Gewohnheit, die Motivation zum Essen zu notieren, und da tauchten Sätze auf wie: »Vor meinen monatlichen Tagen brauche ich Süßigkeiten«, »Wenn mein Energielevel sinkt, muss ich was essen«, »Wenn ich mich geärgert habe und/oder unverstanden fühle, möchte ich mir etwas Gutes tun und esse etwas«. Das forderte mich sehr. Also arbeitete ich diese Themen auf, löste sie aus meinem Speicher der Handlungsmuster und wurde frei.

Der Auftrag für die Ernährungsumstellung ist also erfüllt. Mein Körper fühlt sich vitaler und fitter an, mein Immunsystem arbeitet besser denn je. Ich habe meine Blutwerte alle sechs Monate bestimmen lassen, und sie sind zunehmend besser geworden. Doch abgesehen vom körperlichen Aspekt hat mich der feinstoffliche Aspekt noch viel mehr überrascht. Mir ist, als seien alle meine Zellen mit Licht gefüllt, als sei mein Energiefeld in seiner Schwingung sensibler und feiner geworden, und als habe sich die Fähigkeit, Informationen aus anderen Ebenen zu erhalten, enorm erhöht. »Ich bin nicht mehr so dicht. Ich bin nicht mehr so zu.« Diese Sätze kann man durchaus wörtlich nehmen. Und wenn ich meine Wahrnehmung nochmals von der anderen Seite betrachte, dann fühlt es sich an, als ob mein Energiefeld sich dem der geistigen Welt angeglichen hätte. Es klingt sehr abstrakt, aber diese leichte und lichte Körperlichkeit scheint dem der Wesenheiten aus anderen Ebenen ähnlicher zu sein. Auch die übersinnlichen Informationswege des Hellfühlens, Hellhörens, Hellsehens haben mit dieser Ernährungsumstellung ein höheres Level erhalten. Die vegane Ernährungsweise erwies sich für mich tatsächlich als eine Ernährung, die mein Leben hell machte.

Es war auch in keiner Weise beabsichtigt, sondern offenbarte sich als göttliches Geschenk der Gnade, dass die Verbundenheit zur Schöpfung, zu Mutter Erde und allen Lebewesen durch diese achtsame Ernährung neue Innigkeit erhielt. Es hat sich eine verbindende Ebene von Liebe im Austausch zwischen mir und der Schöpfung installiert.

War ich zuvor in der Haltung, dass Tiere zu unserer Nahrungskette gehören, obgleich man ein wertschätzendes Konsumentenverhalten einnehmen sollte, so empfinde ich sie mehr und mehr als meine Brüder und Schwestern. Aus Achtung ist es mir ein tiefes Anliegen geworden, die Tiere sorgsam wahrzunehmen und ihr Leben und ihren Lebensraum zu behüten. Das ist mir nun sehr wichtig, und dafür erreicht mich die Welle der Dankbarkeit und Liebe aus den Ebenen der Tierreiche.

Affirmationen
Ich bin offen und bereit, mein Leben zu ändern.
Ich ernähre mich seelisch und körperlich auf eine liebevolle und gesunde Weise.
Die Nahrung, die meine Seele braucht, gebe ich ihr auf Seelenebene, die Nahrung, die mein Körper braucht, erhält er durch wertvolle Lebensmittel.

Die Schattenseiten auf dem Weg zum Licht

Wenn sich das Thema Ernährung aus deinem Unterbewusstsein löst und sich dir als Bereich deines Lebens zeigt, der sich ein neues Bewusstsein wünscht, geht es hierbei oftmals um viel mehr als um den bloßen Impuls einer Ernährungsumstellung. Gerade der Bereich »Essen, Ernährung und Körper« birgt Unerlöstes in sich. Im Laufe unseres Lebens haben wir viele Erfahrungen zum Thema Essen gesammelt. So manch einer hat das Essensverhalten direkt an seine emotionale Welt gekoppelt und isst längst nicht mehr aus Hunger, sondern eingebettet in unterschiedliche Handlungsmuster. Auch das Erleben des Körperselbsts ist an Themen von Ernährung geknüpft. Für die Seele stellt es eine Möglichkeit dar, sich über den Körper auszudrücken und zu kommunizieren, dass in unserem Leben etwas unstimmig verläuft. Das Unterbewusstsein steuert entsprechend den Botschaften des Körpers unser Nahrungsverhalten und legt dazu analoge Verhaltensmuster an.

So wie sich dein Schatten für die Bereiche deiner Innenwelt zeigt, zeigt er sich auch für dich im Außen, in deinem Umfeld. Dies trifft zumeist dann zu, wenn wir mit anderen Menschen im Dialog sind, direkt oder indirekt. Gehörst du zum Beispiel zu jenen Menschen, die als nervender Missionar der veganen Lebensweise auftreten, und bist dogmatisch gewillt, jeden und alle davon zu überzeugen, ihr Essverhalten zu ändern und deinen Motiven dazu zu folgen, dann könnte dies einer deiner Schattenaspekte im Außen, im direkten Dialog sein. Hier gilt es zu forschen, welches die Auslöser dafür sind.

Eine andere Variante könnte sich darin zeigen, dass du zu konsequent in einer Lebensweise verharrst, keine andere Gültigkeit bestehen lässt und eher bereit bist, dich von deinem sozialen Umfeld zu isolieren, als einen flexiblen Weg, ein

Sowohl-als-auch zu sehen. Im alltäglichen Leben kann die vegane Ernährungsweise schon mal nicht ganz einfach sein. Da sind Einladungen für Freunde, Restaurantbesuche in Gaststätten, die vielleicht ein vegetarisches Gericht kennen, aber für die die vegane Küche noch Neuland ist. Oft beobachtet man, dass dieser Schattenaspekt des Außen, im indirekten Dialog, die Menschen dazu verführt, sich zurückzuziehen, indem sie ihrer Sturheit mehr Raum geben als der Toleranz und Gelassenheit. Ihre eigene Definition von bester Ernährung scheint die einzig gültige zu sein. Diese Starrheit und der erhobene Zeigefinger des Besserwissens verbieten Essenseinladungen zu Freunden, die noch »normal« kochen, oder Besuche in Restaurants, die keine veganen Speisen anbieten. Der Sturheit kann man auch als Verbissenheit begegnen, wenn solche Menschen dann all jene be- und verurteilen, die es wagen, Tiere zu essen, Ledertaschen zu tragen, und selbst ganz fanatisch werden.

Bring die Wahrheit ans Licht

Was wäre Wissen, wenn wir es nicht anwenden, was wäre Gelesenes, wenn wir es nicht mit eigenen Erkenntnissen verknüpfen? Deshalb nimm dir auch zu diesem Kapitel wieder abschließend die Zeit, um für Worte und Informationen, die du aufgenommen hast, ein inneres Echo zu empfangen und zu spüren, inwiefern du hier eine Resonanz vernimmst. Wo mögen Parallelen zu deinem Leben entstehen, welche Aha-Effekte stellen sich bei dir ein, und worin findest du dich wieder?

- Welche spontanen Gedanken hast du?
- Welche Motivation für eine Ernährungsumstellung hast du?
- Welches Ernährungsverhalten möchtest du ändern?

- Gibt es Situationen, die dich dazu verleiten, dass du das ungewünschte Ernährungsverhalten aktivierst?
- Gibt es Emotionen, die dich zum Essen verleiten?
- Gibt es Bereiche in deinem Leben, in denen du dir mehr Ausgewogenheit oder Veränderung wünschst?
- Notiere dir zumindest elf Glaubenssätze/Sprichworte/ Redensarten, die dir zum Thema Essen spontan einfallen.
- Bist du öfter körperlich/seelisch/geistig-spirituell hungrig und/oder unzufrieden?

In Kontakt sein mit Sonne und Erde

Um das Leben hell zu machen, braucht es innere Verbindung. Damit verändert sich die Dimension der Schwingungsfrequenz. Beides dient uns als Schlüssel, um uns ein Leben mit mehr Licht zu eröffnen. Die Seele hat ein Leben im Körper gewählt. Der Körper wandelt auf Erden in seinem Erfahrungsfeld, und die Sonne ist ihm Licht. Es ist also naheliegend, dass für ein Leben, das hell werden soll, die Verbindung zu Sonne und Erde wichtig ist.

Wenn wir uns dem Thema Sonne und Erde zuwenden, zeigt sich ein wechselwirkender Aspekt – eben der von Licht und Dunkelheit, Mensch und Erde. Mit dieser Verbindung halten wir eine kollektive Erinnerung an die kosmische Kraft aufrecht, nämlich die Bestätigung der Tatsache, dass die Erde und das Leben heilig sind und dass sie unsere Liebe und Ehrfurcht verdienen.

Als Mensch sind wir Teil der Schöpfung. Unser Herz will die Verbindung spüren. Es ist die Natur, die uns einlädt. Wald, Wiese, Pflanzen. Mutter Erde. Und mit Mutter Erde auch Vater Sonne und Schwester Mond, wie sie von den Natives liebevoll genannt werden. Sie sind uns Familie und damit auch Zuhause und Heimat: Erde, Sonne, Mond und mit ihnen die Schöpfung und alles, was uns umgibt. In Verbundenheit mit ihnen den Alltag zu leben und zu zelebrieren hält uns den Kontakt zur Kraft der Schöpfung und nährt uns mit der liebevollen universellen Energie. Der Friede in der Natur fließt durch uns wie der Sonnenschein, der die Bäume nährt. Die

Natur ist sozusagen Vermittler zwischen Kosmos und dem menschlichen Individuum und unterstützt uns dabei, die Verbindung herzustellen und aufrechtzuerhalten, auf der körperlichen, mentalen und spirituellen Ebene.

Ich fühle inneren Reichtum, seit sich mir die Verbindung zur Natur mehr und mehr geöffnet hat, doch es fällt mir sehr schwer, dies in Worten zu beschreiben. Denn es ist so großartig, dass es eigentlich unbeschreiblich ist. Die Natur und mit ihr die Schöpfung haben mich ganz nah an das Göttliche gebracht. Hin zu jenem Licht, das mein Leben hell macht. Je enger ich mit der Natur in Verbindung bin, umso stärker fühle ich mich auch als Teil der Schöpfung und nehme mich als großartiges Wesen wahr, durch das das Göttliche sich ausdrückt. Und in dieser Verbindung fühle ich die Schöpferkraft in mir, jene Kraft, mit der ich mein Leben gestalte.

Bewusst in der Natur zu sein ist eine Möglichkeit. Doch nicht jeder hat das Glück, von solcher einer Pracht umgeben zu sein, wie ich es in den Tiroler Bergen bin. Und nicht immer habe ich Zeit und Möglichkeit, in die Natur zu gehen, zumal auch mein Alltag mit Beruf und Pflichten recht voll ist. Doch ich habe es mir zur Angewohnheit gemacht, mit den Energien bewusst in Verbindung zu sein. Dazu hat sich mir der Weg hin zu Sonne und Mond offenbart. Die eine als das Licht des Tages, der andere als das Licht der Nacht – beide machen mir mein Leben hell.

Die Sonne

Den meisten Menschen ist nicht bekannt, dass die Energie der Sonne sowohl eine heilende als auch eine spirituelle Kraft ist. Sie umgibt, verbindet und durchdringt alles in der sichtbaren und der unsichtbaren Welt. Die Sonne ist die zentrale Kraft für alles Lebensspendende auf unserem Planeten. Ihr Licht hat Heilkraft, und ich bin überzeugt davon, dass wir Menschen wieder lernen werden, diese Heilkraft zu nutzen.

Das Licht der aufgehenden Sonne hat eine ganz besondere Qualität. Die ersten Sonnenstrahlen sind von spezieller Beschaffenheit und tragen die angesprochene Heilkraft in sich. Mit einem Bad im Sonnenlicht zu Tagesbeginn unterstützen wir in unseren Zellen die Regenerationskraft, was zu Vitalität, Gesundheit und Heilung beiträgt. Auch auf unser Gehirn hat dieses Sonnenlicht des frühen Morgens eine besondere Auswirkung. Das Licht nährt unsere Zirbeldrüsen, und wir aktivieren in diesem Licht den Alphabereich, wir sind quasi von selbst in einem Meditationszustand. Wir haben im erwachenden Modus des Körpers den Zugang zu tiefen Ebenen unseres Seins. Die hochschwingenden Sonnenstrahlen der aufgehenden Sonne nähren uns auch auf feinstofflicher Ebene. So reinigen und aktivieren sie die Chakren 7, 6, 5 und 4. Das sind das Kronenchakra, das dritte Auge, das Halschakra und das Herzchakra. Sie fördern damit unsere Entwicklung auf feinstofflicher Ebene und unterstützen unsere Fähigkeiten von Intuition, Hellsichtigkeit und spirituellem Zugang zu unserem Leben.

Wer selbst Erfahrung mit den ersten Morgenstunden hat und bewusst mit ihnen im Einklang ist, weiß, wovon ich spreche. Es sind magische Momente, wenn die Natur schon wach und lebendig ist und dann zu Ehren des Sonnenaufgangs nochmal still und ehrfürchtig innehält, um dann nach den Augenblicken der ersten Sonnenstrahlen das Leben des neuen Tages geschäftig und lebendig willkommen zu heißen. Es ist ein Genuss, den Morgen, den neuen Tag und das neue Leben in mir mit einem Sonnengruß willkommen zu heißen

und damit meine innere Sonne, mein inneres Licht zu begrüßen. So verbinde ich mich bewusst mit dieser Heilkraft und
Qualität.

Manchmal sagt man mir, dass »es keinen Sonnenaufgang
gab«, weil das Wetter schlecht war, Wolken die Sicht verdeck-
ten. Ja, genauso ist es – letztlich auch im Leben. Die Sonne ist
stets da, aber nicht immer sichtbar, manchmal steht etwas
davor, sodass man sie nicht sehen kann: die »Vor-Stellung«,
wie ein perfekter Sonnenaufgang auszusehen hat. Auch wenn
der Sonnenaufgang als solcher nicht sichtbar ist, er geschieht
dennoch, und wenn wir uns darauf einlassen, dann spüren wir
exakt dieselbe Energie. Es lohnt sich, es auszuprobieren.

Von Natur aus bin ich kein Morgenmensch und kein Früh-
aufsteher. Es kostet mich einiges an Überwindung, so früh
aus dem Bett zu steigen. Dennoch, es ist täglich eine Belohnung, sich auf den natürlichen Rhythmus einzustimmen, mit
den Energien des Tages zu sein und nicht zuletzt auch mit den
Wesenheiten.

Die Zeit des Sonnenuntergangs enthält dieselbe Magie.
Das Licht der untergehenden Sonne korrespondiert mit den
Chakren 1, 2, 3 und 4, das sind das Wurzelchakra, das Sakral-
chakra, der Solarplexus und das Herzchakra. So erfährt unser
Chakrensystem einen täglichen Ausgleich und wird mit dem
Licht der Sonne in Balance gebracht. Für Naturvölker wie für
unsere Ahnen war es eine Selbstverständlichkeit, im Ein-
klang mit der Sonne zu leben.

Wann immer es mir möglich ist, halte ich zur Zeit des Sonnenuntergangs inne, um dem Tag und dem Leben zu danken,
ein Gebet zu sprechen und der untergehenden Sonne »mitzu-
geben«, was ich aus dem Tag loslassen, aus meinem Leben
verabschieden möchte. Ich bitte um die Kraft der Transformation, gebe so manche offene Frage der Sonne mit, damit sie es

hinab in die Dunkelheit nimmt und dann am nächsten Morgen mit neuer Energie als Antwort oder transformierte Kraft in das neue Licht des Tages mit dem Sonnenaufgang in mein Leben zurückbringt. Auch dies ist ein Ritual des Loslassens. Mittlerweile ist es mir so vertraut, dass ich gar nicht daran zu denken brauche, mein Körper stoppt von selbst in der Tätigkeit, in der er sich befindet, sobald er wahrnimmt, dass die Energiequalität des Tages sich verändert, und ich suche stets den Platz, um die untergehende Sonne zu sehen, gehe ins Freie, stoppe das Auto oder suche das nächsthöhere öffentliche Gebäude, wenn ich unterwegs bin, den letzten Sonnenstrahlen entgegen. Doch auch wenn die Sonne hinter den Wolken verborgen ist oder wenn ich einfach keine Möglichkeit habe, sie zu sehen – dann ist diese veränderte Energie in den Momenten, bevor die Sonne untergeht, eindeutig zu spüren. Und ich halte inne, um der Schöpfung den Ausdruck meiner Ehre und Dankbarkeit darzubieten.

Wir haben in Zeiten der Modernisierung und Technisierung diese Verbindung zum Lauf der Natur verloren. Umso wertvoller wird es sich dir erweisen, wenn du diese Tradition wieder aufnimmst und sowohl den Tagesbeginn als auch das Ende des Tages mit der Sonne zelebrierst.

Der Mond

In den Kulturen der Natives, aber auch in anderen Sprachen erscheint uns der Mond – »la luna« – als weiblich, genannt Schwester Mond. Was die Kraft der Sonne für den männlichen Aspekt und die aktive Energie des Tuns bedeutet, sind die Energien des Mondes für den inneren weiblichen Aspekt, einerlei ob Mann oder Frau. Die Energien des Mondes sind sanfter Natur und wirken ausgleichend auf unser gesamtes System. Ein Bad im Mondlicht – unabhängig wie voll, halb oder teilweise er zu sehen ist – bedeutet stets ein Ausgleichen unseres Energiesystems. Auf der Ebene der Chakren korrespondiert das Licht des Mondes mit den Chakren 3, 4 und 6 – Solarplexus, Herzchakra, drittes Auge. Diese Energien nähren unsere Fähigkeit zu fühlen, zu lieben und zu sehen. Mehr als das, was für das bloße Betrachten möglich ist.

Ich nehme oft wahr, wie stark das morphische Feld rund um die Mondenergien ist, das wir Menschen nähren und halten. Allgemein ist es ja so, dass der Neumond beliebter ist – möglicherweise liegt es daran, dass man ihm zuschreibt, dass er uns dabei unterstützt loszulassen. So starten Fastenprogramme, Entgiftungszyklen oder Rituale, die helfen, dass wir schlechte Angewohnheiten oder störende Dinge loswerden. Dem Vollmond schreibt man eher negative Aspekte zu. Die Menschen können nicht schlafen, scheinen anfälliger für schlechte Launen zu sein, mutmaßlich gewalttätiger, der Alkoholkonsum nimmt zu, und angeblich steigen in diesen Tagen sogar die Selbstmordrate sowie die Anzahl der Einweisungen in Nervenheilanstalten. Sogar als Ursache für (Schlecht-)Wetterwechsel gilt der Vollmond. Rein wissenschaftlich gibt es natürlich keine Beweise. Aber die Wissenschaft hat, wie wir wissen, gerade für nicht Sichtbares, nicht Greifbares ihren eigenen Zugang. Das will ich mal so stehen lassen.

Meine Wahrnehmung ist, dass der Mond kraftvolle Energie für uns anbietet – an allen Tagen. Und seine Präsenz ist ja auch über alle Tage dieselbe, zumal die Sonne und die Erde daran »schuld« sind, wie viel von ihm für uns sichtbar ist. Ich spüre die Kraft des Mondes an allen Tagen als dieselbe, aber der Rhythmus der Tage selbst und die Summe aller universellen Einflüsse lassen verschiedene Zeitqualitäten entstehen.

Der Mythos, das schlechte Image, das mancher Mondkonstellation zugeschrieben wird, scheint mir eher von Menschenhand kreiert. Dabei denke ich unweigerlich an alte Zeiten, als es darum ging, in den Menschen das Portal der Angst zu öffnen, weil mit der Angst den Menschen ihre Eigenmacht genommen wird und sie manipulierbar sind. Eine alte Prägung, die in der heutigen Zeitqualität eigentlich nicht mehr gültig ist, es sei denn, wir Menschen selbst sind es, die das morphische Feld mit der Anhaftung des alten Glaubens nähren.

Gelebte Spiritualität bedeutet für mich in erster Linie, dass wir erkennen, dass die Schöpfung für uns sorgt. Wir brauchen nichts zu kaufen – es ist alles da an Unterstützung. Ganz nach dem Motto: Findest du zur Natur, findest du dich selbst.

Dies möge sich am Ende des Buches dir zeigen: du selbst. Dein Leben im Licht. Dein Leben, das hell ist.

So reiche ich dir als abschließende Worte ein Gebet:

Kräfte des Lichts, erfüllt mich, wirkt in mir und führt mich über die Schwelle, damit ich wohlbehütet in die nächste Phase meines Lebens treten kann. Lasst die Menschen in mein Leben kommen, die mich lieben und die mich lehren werden. Lasst die Menschen in mein Leben treten, denen ich geben darf.

Kräfte des Lichts, wirkt in mir, dass das Neue entstehen kann, dass ich mich öffne, damit es in mir und durch mich entstehen darf.

Kräfte des Lichts, unterstützt, dass mein Leben hell wird. So darf es sein. So sei es. So wird es sein. Amen.

An dieses Buch

Am Ende dieses Buches erkenne ich: Niemals zuvor wurde ich durch jemanden oder etwas dermaßen aufgefordert, mein Leben einmal mehr zu reflektieren, in nie gekannter Tiefe mit mir in Kontakt zu sein, über mehrere Monate, voller Hingabe. Dafür möchte ich allen danken, die es möglich gemacht haben. Wo es mich hinträgt, wird sich weisen, und das Licht wird als Wegweiser dienen.

Deshalb:
Ich widme dieses Buch dem Licht der Liebe. Dir.
I dedicate this book to the light of love. To you.

Quellen

Inspiriert immer wieder aus folgenden Büchern und Werken:

Hildegard von Bingen: Ursprung und Behandlung von Krankheiten – Causae et Curae. Abtei St. Hildegard, Eibingen 2011

Sabrina Fox: Wie Engel uns lieben. Droemer Knaur, München 2005

Ilse-Maria und Jürgen Fahrnow: Leichtnahrung. Allegria, Berlin 2010

Karl und Jwala Gamper: Die Vision von Neuland. Seminar, Momanda

Karl und Jwala Gamper: Fingerzeige, Edition Sign, Kramsach 2013

Christa Kössner: Die Spiegelgesetz-Methode. Ennsthaler, Steyr 2008

Roy Martina: Tiefseelentauchen. Silberschnur, Güllesheim 2008

Jeanne Ruland: Die Gegenwart der Meister. Schirner, Darmstadt
2001

Jeanne Ruland: Krafttiere begleiten dein Leben. Schirner, Darmstadt
2009

Marianne Vidya Scherer, Sonnen-Yoga. Windpferd, Oberstdorf 2010

Pascal Voggenhuber: Entdecke deine Sensitivität. Allegria, Berlin
2013

Zitat auf Seite 184:
Sign by Jwala Gamper aus dem Kartenset »Fingerzeige«

Übersicht der Kurzanleitungen

Kurzanleitung für bewusstes Wahrnehmen 73
Kurzanleitung für das Wechseln der Zugangsebenen 77
Kurzanleitung für mehr Botschaften 82
Kurzanleitung für den Dialog mit himmlischen Wesen 91
Kurzanleitung für den Umgang mit Zweifeln 96
Alternative Kurzanleitung für den Umgang mit Zweifeln 97
Meine Lieblingsliste für »Schwingungserhöhung« 100
Kurzanleitung für den Kontakt mit Engeln 105
Ritual zur Wahrnehmung »Ich bin nicht allein« 117
Anrufung der Elementarkräfte 125
Anleitung für einen Tages-Retreat zu Hause 136
Anleitung »Inneres Ja zu deiner Kraft« 145
Ein Ritual, um Schmerz und Opferrolle loszulassen 151
Anleitung zum Gebrauch des Spiegelgesetzes 156
Anleitung zum Kreieren stimmiger Affirmationen 160
Anleitung für den Schritt des Verzeihens 170
Gebet der Dankbarkeit 177
Gebet Kräfte des Lichts 219

Holen Sie sich kostenlos
eine geführte Meditation
und erleben Sie Daniela Hutter live!

Liebe Leserin, lieber Leser,
wir hoffen, dass Ihnen die Lektüre dieses Buchs
gefallen hat.
Als zusätzlichen Service haben wir für Sie die von
Daniela Hutter eingesprochene Meditation
»Inneres Ja zu deiner Kraft«
zum Download bereitgestellt.

Bitte loggen Sie sich dafür unter folgendem Link ein:
https://www.litlounge.tv/online-event/154
Gutscheincode: **HutWeb2014**

Mit demselben Link bzw. Gutscheincode können Sie
auch kostenlos an Daniela Hutters Online-Work-
shop am 8. Oktober 2015 um 19 Uhr teilnehmen.
Wert des Gutscheins: 5 €.

Ihr Goldmann-Verlagsteam

Unsere Leseempfehlung

352 Seiten
Auch als E-Book
erhältlich

Seit fast 20 Jahren gibt Waliha Cometti die Lehren der „Schule der Engel" an Schüler aus ganz Europa weiter. Als Sprachrohr der geistigen Welt bietet sie eine umfassende Anleitung zu einem erfüllten und glücklichen Leben. Mit diesem Buch tritt eine der beeindruckendsten spirituellen Lehrerinnen unserer Zeit erstmals an die breite Öffentlichkeit, um ihr tiefes Wissen zu teilen.